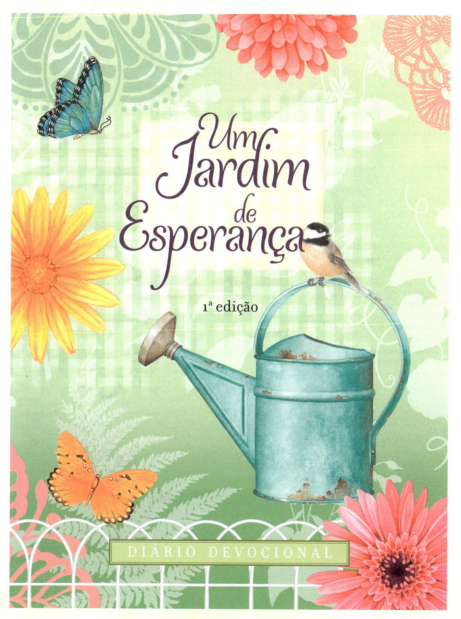

Título original
A Garden of Hope

© 2016 by BroadStreet Publishing

Editor responsável
Marcos Simas

Supervisão editorial
Maria Fernanda Vigon

Tradução
Alzeli Simas

Preparação de texto
Carlos Fernandes

Design original
Chris Garborg

Diagramação/Adaptação à edição brasileira
PSimas

Revisão
João Rodrigues Ferreira
Carlos Buczynski
Nataniel dos Santos Gomes
Loen Schoffen Konrad Cavalcante

Todos os direitos desta obra pertencem à Geográfica Editora © 2018. Qualquer comentário ou dúvida sobre este produto, escreva para: produtos@geografica.com.br

Todas as citações bíblicas foram extraídas da NVI, Nova Versão Internacional, da Sociedade Bíblica Internacional. Copyright © 2001, salvo indicação em contrário.

Esta obra foi impressa no Brasil com a qualidade de impressão e acabamento da Geográfica Serviços Gráficos

J37	Um jardim de esperança: diário devocional / Traduzido por Alzeli Simas. — Santo André: Geográfica, 2018.
	144p. ; 15,5x20,5cm. ISBN 978-85-8064-232-2 Título original: A garden of hope.
	1. Livro de meditação. 2. Deus. I. Simas, Alzeli.
	CDU 242

Catalogação na publicação: Leandro Augusto dos Santos Lima — CRB 10/1273

Introdução

O jardim da vida não é tão perfeito quanto gostaríamos que fosse. Mas, dentro dele, Deus pintou imagens de fé, esperança, amor – e também fez consertos nos lugares necessários. As devocionais deste livro ilustram lições que não podem ser pintadas com um pincel, pois são transmitidas com palavras.

Leia as palavras escritas aqui e, ao refletir sobre elas, perceba que Deus é tudo de que você precisa. A vida, que parece tão imperfeita, é cheia de beleza, pois foi perfeitamente projetada como um convite para que você cresça mais perto de Deus.

Esperança nos seus atributos e no seu amor por mim

Um lindo jardim inglês, transbordando com cascatas das minhas flores favoritas, vibrante com a agitação dos pássaros e borboletas que o sobrevoam e inundado com deliciosa fragrância... Eu teria escolhido esse cenário para pintar a vida que sempre quis ter. Um jardim de perfeição, com clima perfeito, abundante e cheio de encanto a cada estação. Um jardim de conforto e de alegria. Um cenário no qual eu poderia ter entrado e vivido meus sonhos de uma vida perfeita.

Senhor, minha vida não é criação minha, é sua, e o Senhor a vigia cuidadosamente. Embora ao longo dela tenha havido muito mais encanto e alegria, também houve tormentas e secas, sol e chuva, galhos quebrados e sementes que não brotaram, persistentes ervas daninhas e até pragas no jardim da minha vida. Todavia, tudo isso me faz querer conhecê-lo. Cada novo problema, cada novo golpe na minha vida parece, inicialmente, insolúvel, drenando a minha esperança. Porém, toda nova tormenta me obriga a correr para o Senhor, porque, instintivamente, sei que o Senhor é o único que pode ajudar, mesmo quando não sou capaz de imaginar como será essa ajuda.

Como leio a sua Palavra, procurando qualquer esperança que o Senhor possa me dar! Eu o vejo... mais e mais. Vejo a beleza de seus atributos, o seu constante amor por mim, a sua fidelidade, a sua sabedoria – o Senhor é esperança; é tudo de que preciso; posso confiar no Senhor. Minhas feridas serão curadas! A beleza e a alegria vão voltar!

Como sigo em frente com mais confiança no Senhor, minha compaixão cresce por aqueles que estão com feridas abertas e enfrentam difíceis desafios. Eu me deparo cuidando do seu coração como se fosse o meu próprio. Quero compartilhar isso com os que estão feridos, derramando a esperança que vem de Cristo. Esse é o tipo de esperança que só encontramos no desespero.

Esta é a vida eterna: que te conheçam, o único Deus verdadeiro, e a Jesus Cristo, a quem enviaste. (João 17.3)

Sua vida pode parecer imperfeita, mas está cheia de beleza. Como você vê sua vida?
Você a vê como um convite para conhecer a Deus mais profundamente?

Cicatrizando as feridas

Sou tentada a plantar minhas mágoas em um vaso de barro, onde elas gostariam de estar expostas, pois, assim, todos poderiam vê-las. Então, eu teria a compaixão dos meus amigos, que diriam: "Que Deus te abençoe." Mas não quero que a minha vida seja definida pelas minhas mágoas. Não quero que elas sejam a primeira coisa que as pessoas vejam quando olham para mim. Antes, quero ser usada como sua voz de cura e ajuda, Senhor. Então, plantarei essas mágoas no meu jardim de esperança e as regarei com a sua Palavra. Nesse processo, à medida que a sua Palavra revela-me o seu amor, as sementes feias dessas feridas brotam em flores de confiança no Senhor. E, conforme amadurecem, essas flores carregam sementes de esperança! Sim, o Senhor transforma completamente o que antes era doloroso em algo bom para mim.

Agora, posso levar as minhas feridas – não como uma bagagem, mas como um kit de primeiros socorros. Posso usar as histórias para conectar as pessoas feridas que encontro com seu terno cuidado e assegurá-las de sua fidelidade.

Por sua causa, Senhor, feridas que poderiam ter escurecido os dias da minha vida estão, agora, armazenadas, não em ressentimento, mas em um banco de sementes de esperança. Nesse tipo de jardim, a mesma semente pode ser plantada mais de uma vez.

Por favor, faça de mim um jardineiro cuidadoso, que zela para não danificar as tenras mudas. Ajude-me a prestar muita atenção àqueles que me rodeiam, e que eu seja muito cuidadosa com a ajuda que ofereço, já que nem todas as minhas sementes brotarão em jardins alheios. Quero ser cuidadosa, especialmente, em não machucá-las com conversas desatentas. Ajude-me a lembrar que, por vezes, um silêncio compreensivo é a maneira certa de regar um coração ferido e ressequido. Peço-lhe que me dê oportunidades para ligar outros corações feridos às minhas histórias, a fim de revelar o seu amor transformador.

Bendito seja o Deus e Pai de nosso Senhor Jesus Cristo, Pai das misericórdias e Deus de toda consolação, que nos consola em todas as nossas tribulações, para que, com a consolação que recebemos de Deus, possamos consolar os que estão passando por tribulações. (2Coríntios 1.3-4)

Existe alguém na sua vida que necessita que você o escute?
Como você pode cuidar desse alguém e amá-lo?

Pureza

Quando alimentamos os beija-flores, nós os mantemos próximos do nosso jardim. É maravilhoso admirá-los com suas cores, sua agilidade e graça. Eles forçam a minha mente conforme tento imaginar como o Senhor os criou dessa maneira divertida. À medida que conto uma, duas, três, quatro medidas de água para adicionar ao açúcar para eles beberem, eu me pergunto: *Eu deveria usar água de nascente ou de torneira mesmo?* Afinal, esses belos e pequeninos pássaros têm um metabolismo delicado e podem não tolerar as impurezas que, provavelmente, circulam na água encanada.

Era um questionamento nobre e puro — afinal, dar garrafas de água adocicada para os beija-flores é algo muito singelo. Mas a pergunta real borbulhou em meu coração: Tenho tido tanto cuidado a respeito da pureza das coisas que permito entrar em minha mente, em meu coração e em meu espírito? Se algo é lixo para um computador, deve sê-lo também para mim. Poderia eu deixar os meus ouvidos e olhos assistirem a tanto entretenimento imoral e conteúdo violento sem danificar a minha alma? O texto do Salmo 101.3 contém um compromisso de não colocar nenhuma coisa má diante dos meus olhos.

Senhor, peço-lhe que me torne sensível para reconhecer a poluição de sons e imagens tóxicas com que sou bombardeada diariamente. Como elas se tornam mais e mais comuns, não quero ser entorpecida por seus efeitos. O Senhor lavou o meu coração e a minha mente, fez-me uma nova criatura quando entrou em minha vida. Quero ficar totalmente limpa, retirando de mim tudo o que não lhe agrada, quero que o meu coração seja um lugar puro, onde o Senhor se sinta confortável.

Não se amoldem ao padrão deste mundo, mas transformem-se pela renovação da sua mente, para que sejam capazes de experimentar e comprovar a boa, agradável e perfeita vontade de Deus. (Romanos 12.2)

Você sente que está se acostumando com a fumaça tóxica do mundo? Agradeça a Deus pela limpeza que ele fez em seu coração e em sua mente.

Um mundo maior

Quando criança, eu não me importava com o que acontecia no mundo da minha mãe, com o que ela pensava, quais eram seus sonhos e planos. A mim parecia que o seu mundo girava apenas em torno de mim. Ela e o meu pai trabalharam muito para prover e garantir todos os benefícios que podiam me proporcionar, a fim de que eu atingisse o meu potencial. Porém, jamais perguntei quais eram suas ideias de "potencial" ou a questionei para me falar especificamente sobre o seu coração e propósito. Eu perdi tanto por não perceber que minha nutrição girava em torno de minha mãe e do meu pai e dos propósitos no coração deles...

Suponho que essa seja a maneira que as crianças entendem o seu pequeno mundo. Senhor, embora eu seja sua filha, não quero ter um coração infantil que me coloque como o centro do seu mundo. É verdade que o Senhor tem me dado muito mais do que sou capaz de compreender completamente. Seu coração de pai me criou, me amou, me redimiu e planejou os dias da minha vida e até minha eternidade. Não tenho palavras para descrever a maravilha que é ter sido adotada como sua verdadeira filha! O Senhor está envolvido em todos os aspectos da minha vida.

É a minha vida que deve girar em torno do Senhor. Jamais, portanto, me deixe cometer o erro de pensar que é o contrário. O Senhor é o Mestre, o Rei dos reis, o Deus eterno. Este é o lugar em que quero estar. Desejo entregar-me completamente em suas mãos e ajustar-me ao seu mundo e à sua vontade.

PORTANTO, IRMÃOS, ROGO-LHES PELAS MISERICÓRDIAS DE DEUS, QUE SE OFEREÇAM EM SACRIFÍCIO VIVO, SANTO E AGRADÁVEL A DEUS; ESTE É O CULTO RACIONAL DE VOCÊS. (ROMANOS 12.1)

O objetivo principal da sua vida é conhecer e amar a Deus?
Como você pode mostrar isso a ele?

Desamparada

Senhor, confesso que, às vezes, há dias em que tudo ao meu redor parece desesperador e me sinto um pouco sem esperança. Mas "sem esperança" realmente não é a expressão correta para isso, porque não sou uma pessoa desesperada. O que realmente sou é impotente. Sou impotente para determinar o meu próprio destino, para garantir a minha segurança, para controlar tudo à minha volta. Desamparada, porém, é um bom lugar para estar. Estar desamparada não significa que estou sem ajuda. É o lugar onde descanso e estou totalmente dependente do Senhor, meu Pai celestial. Porque o Senhor não é somente um auxílio, é um socorro presente – aqui, agora e para sempre.

Houve momentos em que eu sabia que, se o Senhor não me socorresse, não haveria saída para mim – e o Senhor me assegurou que está disposto e preparado para me socorrer de muitas formas. Em Hebreus 13.5, o Senhor promete não nos abandonar nem nos soltar. O Senhor me ouve quando grito por socorro e me livra do medo, é o meu refúgio e minha fortaleza nas dificuldades. O Deus Todo-Poderoso é o meu esconderijo, e o seu amor firme prevalece sobre todo o resto. O Senhor é a minha rocha e a minha salvação. Porque são puras as suas promessas e palavras, eu posso aprender em Cristo. Porém, em minhas próprias forças, me sinto desamparada, porque a minha confiança está no Senhor, onde tenho todo o tipo de socorro de que necessitarei.

Porque és a minha ajuda, canto de alegria à sombra das tuas asas. (Salmo 63.7)

Como você poderia descrever a diferença entre estar *desesperada* e estar *desamparada*. Você vê a força que está disponível para você quando está desamparada?

Chuva no jardim

Uma chuvarada está lavando, gentilmente, tudo que há no jardim. A banheira dos pássaros se enche devagar – e como eles gostam de se esbaldar na água fresca, saboreando-a! As margaridas não se inclinam para esconder sua face das gotas; antes, levantam-se, deliciando-se com o frescor. Elas não são quebradas, mas lavadas pela chuva que as deixam com gotas brilhantes de água.

Até o meu próprio coração inclina-se, ao compreender que meu recente comportamento foi tão diferente do que deveria ser, meu Senhor. Eu gostaria de escondê-lo em vez de possuí-lo, mas ele está lá, como uma nuvem bloqueando a nossa amizade. Sou tentada a ignorá-lo, mas nós dois sabemos que há momentos em que faço coisas que não são corretas com o Senhor – e, mesmo me desculpando pelo meu comportamento, tenho que voltar a esse lugar e conversar com o Senhor.

Tenho que confessar isso agora – reconhecendo onde eu estava errada – e, como falo o que o Senhor já sabe, sou lavada gentilmente. Meu coração se abranda assim que concorda com o seu; estou disposta a me desculpar com aqueles a quem ofendi e falar-lhes o que eles já sabem: que eu estava errada.

Agora, como a margarida, posso levantar a minha cabeça, honestamente, em direção à sua luz. A barreira entre nós foi removida e a vida brilha novamente.

SE AFIRMARMOS QUE ESTAMOS SEM PECADO, ENGANAMO-NOS A NÓS MESMOS, E A VERDADE NÃO ESTÁ EM NÓS. SE CONFESSARMOS OS NOSSOS PECADOS, ELE É FIEL E JUSTO PARA PERDOAR OS NOSSOS PECADOS E NOS PURIFICAR DE TODA INJUSTIÇA. (1JOÃO 1.8-9)

Existe algo que a impede de levantar o rosto em direção à luz do Senhor? Confesse isso a Deus e permita que o seu perdão faça você brilhar novamente!

Após a tempestade

A tempestade desabou e o meu jardim está uma bagunça. Isso me dará um pouco de trabalho e demandará algum tempo para limpar os detritos e consertar os danos. Após os ramos serem podados e removidos, ele parece mais limpo – melhor, até, do que estava antes da tempestade. Com a remoção de galhos e folhagens, a luz penetrará melhor. As plantas murchas e secas darão um salto, mas isso também abrirá espaço para mais crescimento. Houve perdas, mas a vida do jardim está intacta. Ele vai se recuperar, com tempo e cuidado.

Como no jardim, que foi golpeado pelo temporal, tempo e cuidado não são suficientes para a minha tempestade pessoal cessar. Jesus, eu preciso da sua restauração. Enquanto me concentro em sua palavra e converso com o Senhor, revele-me se há alguma parte quebrada da minha vida que necessita ser podada e jogada fora. Estou disposta a remover qualquer comportamento errado, qualquer fala descuidada, lembranças ruins – enfim, qualquer coisa negativa que eu queira lembrar. Até onde sei, essa tormenta não foi causada por mim; ela vem de circunstâncias que não posso predizer ou controlar.

A minha oração é para que o Senhor me restaure onde eu não possa fazê-lo por mim mesma. Que o Senhor coloque ataduras de perdão e esquecimento em torno das minhas feridas, de modo que eu possa tratar um galho quebrado ou arrancar pela raiz uma flor desarraigada. Creio que o Senhor está fazendo o melhor para mim, mesmo que eu não esteja vendo agora. Obrigada pelo cuidado terno que o Senhor tem para comigo.

Pois estou convencido de que nem morte nem vida, nem anjos nem demônios, nem o presente nem o futuro, nem quaisquer poderes, nem altura nem profundidade, nem qualquer outra coisa na criação será capaz de nos separar do amor de Deus que está em Cristo Jesus, nosso Senhor. (Romanos 8.38-39)

Em que áreas da sua vida você precisa deixar a luz da esperança fazer o seu futuro parecer mais promissor? Você confia em Deus para restaurá-lo?

A esperança tem um nome

Existem plantas em meu jardim que não consigo identificar. Elas são anônimas. Não sei quem são elas. O problema é que, se não conheço uma determinada planta, não posso saber se ela precisa de mim. Não tenho a menor ideia de como fazer referência a ela, como cuidar ou o que esperar dela. Seria, apenas, uma única aparição, ou ela viria no próximo ano? E se ela, na verdade, não for uma flor, e sim uma erva daninha que não deveria ser adubada?

Existem coisas que brotam na minha vida cujo nome também desconheço. Qual sua origem? Surgiram por mera coincidência ou fui eu, com meu comportamento, que as atraí? Estou investindo o meu tempo em bênçãos ou em mágoas? Será o amanhã de alegria ou tristeza? Neste mundo incerto, é difícil identificar tudo e dar-lhe um nome definitivo.

Felizmente, não me confundo a respeito da esperança, porque ela vive em mim e não é anônima. A esperança tem um nome e esse nome é Jesus, o nome sobre todos os nomes. Sei o que esperar do Senhor, Jesus. Quero que seja tudo em minha vida. Sei que tudo que preciso fazer é me render ao Senhor e aos seus propósitos. Senhor, é com prazer que lhe dou a posse do jardim do meu coração, sabendo que posso confiar completamente os resultados às suas mãos. O Senhor é tudo de que necessito.

Bendito seja o Deus e Pai de nosso Senhor Jesus Cristo! Conforme a sua grande misericórdia, ele nos regenerou para uma esperança viva, por meio da ressurreição de Jesus Cristo dentre os mortos. (1Pedro 1.3)

Como você pode aplicar a esperança definitiva que tem em Jesus às circunstâncias anônimas da sua vida?

Seguro no ninho

Todas as manhãs, um pequeno pássaro rodopia sob os umbrais da minha varanda e afofa as suas penugens. À noite, a ave se aninha e busca um cantinho seguro. Se a noite é tempestuosa ou estrelada, ele descansa com segurança. Eu posso descansar tão segura quanto ele, pois não há tempestade que prevaleça ao seu cuidado por mim, Senhor! A sua benignidade prevalece sobre mim. É verdade que não sei onde a tempestade está, ou quando ela deve cruzar o meu caminho, mas o Senhor sabe onde estou.

Não tenho certeza se importa para o pássaro se estamos em casa ou não. Ele apenas quer o abrigo que a nossa varanda oferece. Eu, entretanto, desejo mais do que conforto e abrigo nas tempestades. Meu coração quer estar em sua presença, Senhor, como o pardal descrito no Salmo 84. O salmista tinha o mesmo anseio; ele queria estar no mesmo lugar de acolhimento, onde cantaria ao Senhor alegremente. Ele disse que o pardal achou uma casa e a andorinha, um ninho – e que aqueles que habitam em sua presença são abençoados para cantar seus louvores durante todo o dia!

Eu entro em sua presença com louvores, Senhor; entoo cânticos de louvor e canções de ação de graças por sua bondade. Não há palavras ou cânticos que expressem adequadamente a minha adoração ao Senhor, mas, mesmo assim, a sua Palavra me ensina como sintonizar o meu coração para adorá-lo. Sou, então, encorajada a cantar alegremente a sua justiça, a glorificar o seu nome! A minha alegria é cantar para o Senhor com amor e gratidão, com todo o meu coração.

Eu te exaltarei, meu Deus e meu rei; bendirei o teu nome para todo o sempre!
Todos os dias, te bendirei e louvarei o teu nome para todo o sempre!
Grande é o Senhor e digno de ser louvado; sua grandeza não tem limites.
(Salmo 145.1-3)

Você pode se entregar aos cuidados de Deus totalmente sem se importar com o que está por vir? Diga a Deus quão grata você está pela sua proteção.

Todas as coisas para o bem

O apóstolo Paulo nos diz, em Romanos 8.28, que todas as coisas trabalham juntas para o bem daqueles que amam ao Senhor e são chamados de acordo com o seu propósito. Quantas vezes ouvi pessoas bem-intencionadas usarem esse texto para dizer que Deus faz coisas ruins virarem coisas boas. Ora, isso é muito difícil para as pessoas que sofrem perdas devastadoras ouvirem! Afinal, como poderia uma pessoa ferida compreender uma perda trágica como sendo algo bom?

A promessa que vejo nesse versículo não é que o "mal vai se transformar em bem", mas, sim, que o Senhor trabalhará todas as coisas juntas, para *o meu bem* — e para cada um dos seus —, mesmo quando sofremos perdas. Há verdadeiro conforto nessa promessa! Sei que meu Pai celestial está trazendo o bem para mim, não importa o que aconteça.

É tentador esgotar-me querendo descobrir o que poderia ser o bem e quando ele poderia acontecer. Tentar descobrir isso é uma boa maneira de me desapontar também, quando o "bem" que imaginei não acontecer. Admito que sou impaciente para ver o bem que o Senhor está fazendo por mim. Estou mais do que curiosa para saber o que o Senhor vai me dar em benefício da minha perda. Contudo, o que tenho aprendido é que, quando a sua bondade por mim se torna clara, vejo que é mais maravilhoso do que qualquer coisa que eu poderia ter imaginado!

Minha esperança está ancorada no conhecimento de que o Senhor estará comigo, seja qual for a situação, e trabalhará os seus propósitos em mim. Nada se perde nesse processo. Deus é o autor da minha vida e confio a ele toda a minha história.

Sabemos que Deus age em todas as coisas para o bem daqueles que o amam, dos que foram chamados de acordo com o seu propósito. (Romanos 8.28)

Quais foram as coisas boas que você viu Deus trabalhar na sua vida quando estava em grande dificuldade?

A esperança já está lá!

Neste momento, o passado está nos olhando de maneira mais confortável do que o futuro. O futuro implora por esperança! Posso trabalhar no presente e no que sei sobre ele. Sei que posso porque estou fazendo isso. Já o passado não precisa de esperança. A esperança da qual o passado precisava foi substituída por um sólido registro de sua fidelidade, Senhor. Mas o futuro é outra coisa: é esperança!

Vejo uma folha de outono, valentemente, tentando manter-se presa a um despido galho, sob o vento gelado. E os ramos nus parecem ser despojados de vida e esperança. Mas espere – mesmo que a última folha não tenha caído, eu já posso ver, Senhor, os brotos das folhas da primavera nos ramos. Vai demorar um pouco até que a nova estação chegue, mas a esperança da primavera já está aqui!

Pai, o Senhor não é apenas o Criador dessa árvore e a promessa da primavera e da colheita; o Senhor é o Bom Pastor. O meu pastor! O Senhor vai à minha frente, independentemente se atravesso vales sombrios ou um prado iluminado. O Senhor cuidará de mim e me dará conforto. Se uma tempestade me ferir, o Senhor me restaurará e fará de mim um bom exemplo da sua graça e fidelidade. Neste momento, as curvas dos amanhãs não parecem promissoras. Há sérios desafios a serem aceitos. Mesmo assim, posso encarar o futuro com confiança, já que o Senhor está lá. E, se o Senhor estiver comigo, a sua esperança também estará.

"Porque sou eu que conheço os planos que tenho para vocês", diz o Senhor, "planos de fazê-los prosperar, e não de causar dano, planos de dar a vocês esperança e um futuro". (Jeremias 29.11)

Considere o seu passado e a fidelidade de Deus para com você. Como a fidelidade divina traz esperança para o seu futuro?

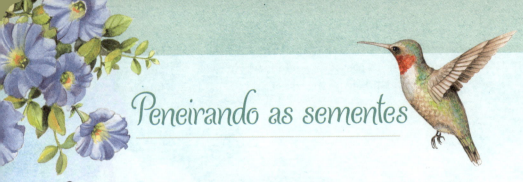

Peneirando as sementes

O que conhecemos como alpiste é, na verdade, uma mistura de diferentes sementes, destinadas a atrair diversos pássaros. Instintivamente, cada tipo de pássaro escolherá, entre aquelas sementes, as que lhe servem, deixando de lado qualquer outra que estiver em seu caminho. Pai, eu me pergunto como o Senhor criou cada um desses pássaros e como os capacitou a conhecer o alimento certo para eles, dando-lhes, ainda, o desejo de comê-lo!

Há uma mistura de ensinamentos girando em torno de mim. Algumas sementes parecem tão boas... Mas, em sua essência, revelam-se ruins — sugerindo que tento manipular até mesmo o Senhor com suas próprias palavras, a fim de que *minha* vontade e *meu* prazer sejam satisfeitos. Porém, quando me concentro em mim, isso me traz de volta para viver em meu próprio egoísmo, que é onde comecei antes de iniciar a minha vida como cristã. O seu espírito, em mim, está me ajudando a discernir e a esquadrinhar essa cultura do "eu", que envolve cada vez mais pessoas e é tão popular. No entanto, ela sugere que o Senhor é quem deve *me servir*, em vez de *eu o servir*. Acabo sendo levada a pensar que eu é quem sou a pérola de grande valor, e não o Senhor.

Esse ensinamento não pode tomar conta de mim. A sua Palavra, Senhor, diz que existo para amá-lo de todo o meu coração, de toda a minha mente, de toda a minha alma e de todo o meu espírito. Minha maior esperança é escolher a sua maneira e seguir os seus propósitos, que são acima dos meus. É aí que vou encontrar a bênção.

Tenham cuidado para que ninguém os escravize a filosofias vãs e enganosas, que se fundamentam nas tradições humanas e nos princípios elementares deste mundo, e não em Cristo. (Colossenses 2.8)

Como você pode medir a validade de diferentes ensinamentos em sua vida? Como você pode discernir o que é verdade?

Temporário ou permanente

Uma das primeiras coisas que aprendi sobre jardinagem foi o conhecimento básico de que a maioria das plantas é temporária e floresce por uma única estação, morrendo depois. Porém, há aquelas permanentes, as quais florescem por um breve período, mas que retornam com suas flores fielmente, ano após ano. As temporárias são conhecidas por sua passagem rápida, são coloridas e fáceis de encontrar – tão fáceis que conseguimos comprá-las para reposição todas as primaveras. As permanentes, por outro lado, são tão fiéis e confiáveis que o jardim conta com elas mesmo que o seu "tempo de florescimento" seja tão curto.

E quanto a mim, como serva do Senhor? Sou temporária ou permanente? Tenho conhecido alguns cristãos que ficam agitados e criam um verdadeiro barulho em torno do que estão fazendo. Mas, depois, desaparecem. Senhor, torne-me como as flores permanentes, que servem ao Senhor constantemente, ano após ano. Elas parecem mais fundamentadas e arraigadas no Senhor, ainda que não apareçam muito. Florescem de acordo com o seu plano e estão satisfeitas em estar conectadas ao Criador em tempos silenciosos, porém a um nível profundo. Na estação ou fora dela, são constantes e confiáveis. Quero ser uma cristã permanente, firme e que se desenvolve como uma planta forte o suficiente para deixar boas sementes que, estação após estação, produzem novos brotos comprometidos com o Senhor para uma longa jornada.

PORTANTO, ASSIM COMO VOCÊS RECEBERAM CRISTO JESUS, O SENHOR, CONTINUEM A VIVER NELE, ENRAIZADOS E EDIFICADOS NELE, FIRMADOS NA FÉ, COMO FORAM ENSINADOS, TRANSBORDANDO DE GRATIDÃO. (COLOSSENSES 2.6-7)

Pergunte-se, de verdade, se você é mais parecida com uma planta temporária ou permanente. Como você pode manter o seu compromisso com Deus em cada estação da vida?

Como posso confiar no Senhor?

Pai, como posso confiar no Senhor quando tudo continua ruim? Meu coração chora algumas vezes em que se expressa, mas também fica, frequentemente, em silêncio. Esta é a minha grande pergunta: Como? Como posso confiar? Em meu coração, isso encontrou uma voz quando havia uma ameaça à minha vista. O que o Senhor estava pensando? O que estava planejando? Como eu poderia descobrir tudo isso? Eu tinha que saber uma coisa: que o Senhor é bom. Quando me voltei para a sua Palavra, a fim de confirmar a sua bondade ao meu coração, encontrei o seu coração e o seu caráter. No livro de Salmos, encontrei a resposta para todos os meus questionamentos. O Senhor me ouve quando clamo? Sim, o Senhor me ouve quando eu oro, conforme o Salmo 4.3. Além disso, tem planos para mim e vai cumpri-los, conforme prometido no Salmo 138.8. O meu coração encontrou a força da confiança em seu próprio caráter. Nesse momento, o medo foi substituído pela esperança — uma esperança que não se baseava nas minhas circunstâncias. Meu desânimo foi, então, substituído por louvores, e meus questionamentos deram lugar a uma nova consciência de seu amor pessoal por mim.

Parece contraditório, mas, quando me concentro no Pai, tenho a certeza de que seus pensamentos estão em mim e que o Senhor tem tudo sob controle, ao meu respeito. O Senhor eliminou completamente o pesadelo que experimentei em diversas circunstâncias. Então, o Pai me abençoa e me permite ver a sua bondade. A minha esperança não está nas circunstâncias. Sei que minha esperança e minha confiança estão em seu caráter. Por isso, confio no Senhor.

POR ISSO, NÃO ABRAM MÃO DA CONFIANÇA QUE VOCÊS TÊM; ELA SERÁ RICAMENTE RECOMPENSADA. (HEBREUS 10.35)

A sua confiança está firmada no Senhor? O que você sente quando ouve que os pensamentos dele estão em você e que ele tem todas as coisas sob seu controle?

Cobra no jardim

Fiquei congelada de pavor, certa vez, ao ver uma cobra aconchegada em um tijolo quebrado no muro do meu jardim. Ela tomava sol, calmamente, apenas em sua cabeça escamosa. Antes que pudesse ser enxotada, ela desceu do buraco, despreocupadamente, dando a nítida impressão de que achava que tinha um jardim só para ela.

Agora, antes de caminhar direto em direção às minhas plantas para checar a brotação das flores, minha primeira preocupação foi observar bem, para ter a certeza de que o réptil não estava, por acaso, inspecionando um ninho de pássaro no topo da pérgula, ou enrolado debaixo de minhas roseiras.

Na vez seguinte que a vi aventurar-se para fora do seu esconderijo, ela *foi* enviada para longe – longe de alcançar as nossas florestas e longe o suficiente para eu acreditar que não poderia achar o seu caminho de volta. Eu tinha o meu jardim novamente!

Por que, em meio a tantos bosques repletos de pequenos animais, pedras para tomar sol e riacho para se exercitar, ela estava justamente aqui? Talvez tenham sido os pequenos esquilos inocentes que corriam pelo meu jardim que a atraíram e a fizeram querer se instalar ali. Para ela, isso era uma oportunidade.

Senhor, lembre-me sempre de que existe uma serpente, que há um inimigo que deseja invadir meu coração e me desviar do reto caminho. Ajude-me a andar cuidadosamente, reconhecendo as escolhas que poderiam dar uma oportunidade ao inimigo. Faça-me lembrar de suas palavras, quando precisar identificá-lo imediatamente. Alerte-me para o pecado e acerca de lugares quebrados em minha vida, que podem prover a ele um espaço para se instalar – e que eu me arrependa e repare-os, negando-lhe qualquer possibilidade de influenciar a minha vida.

Portanto, submetam-se a Deus. Resistam ao Diabo, e ele fugirá de vocês. (Tiago 4.7)

Você está constantemente atenta ao inimigo?
O que você pode fazer para diminuir as chances de ele fazer morada em sua vida?

Beleza

Minha mãe tinha uma expressão para me repreender quando eu começava a choramingar ou ficava de mau humor: "Não aja *feio*!" Não tenho certeza se eu poderia ter definido com palavras o que seria feio, mas sabia exatamente o que ela queria me dizer com aquilo. Sabia qual comportamento poderia ter o olhar reprovador de minha mãe: era o oposto do bonito.

Quando adulta, finalmente fiz a conexão entre o "não aja feio" e o pecado. Não há casualidade ou neutralidade sobre o pecado. Pecado é feio e parece terrivelmente nocivo para mim. A palavra *pecado* soa até mesmo feia, não é verdade? Penso nisso quando estou com raiva, ou ressentida, ou desagradável. Acho que, instintivamente, sei que alguma coisa pouco atraente tomou conta do meu rosto. Algo que é inconveniente.

Eu me recuso a tolerar hábitos pecaminosos e deixá-los inscrever sua infelicidade em meu rosto ao longo do tempo. Em vez disso, Senhor, quero o seu caráter reinando em mim, exibindo a sua própria beleza. O fruto do seu Espírito muito me oferece para iluminar o meu semblante: amor, alegria, paz, longanimidade, bondade, boa vontade, fidelidade, mansidão e autocontrole. Nenhum cosmético, por mais caro e sofisticado que seja, pode competir com a beleza dos frutos do Espírito para melhorar o meu semblante. Cedo ou tarde, o que estiver em meu coração estará estampado em meu rosto – e, se for um profundo conhecimento de mim mesma, baseado na comunhão que tenho com o Senhor, será lindo!

A BELEZA DE VOCÊS NÃO DEVE ESTAR NOS ENFEITES EXTERIORES, COMO CABELOS TRANÇADOS E JOIAS DE OURO OU ROUPAS FINAS. PELO CONTRÁRIO, ESTEJA NO SER INTERIOR, QUE NÃO PERECE, BELEZA DEMONSTRADA NUM ESPÍRITO DÓCIL E TRANQUILO, O QUE É DE GRANDE VALOR PARA DEUS.
(1 PEDRO 3.3-4)

Você pode ver verdade e eternidade em seu interior?
Como você vê o caráter de Deus reinando na sua vida?

Felicidade

Watchman Nee estava preso havia 20 anos por causa de sua fé quando escreveu: "Mantenho a minha alegria." E, no dia em que morreu, ele escreveu: "Ainda permaneço com alegria no coração." Parece complicado de entender, não é mesmo? Ora, é muito fácil ficar feliz se você tem algo que o alegra. *Felicidade* é o maravilhoso sentimento que nos faz transbordar o sorriso, um sentimento que é incapaz de ser contido. Todos nós queremos ser felizes! Mas como ser feliz estando em uma prisão? Posso imaginar que, mesmo ali, haja momentos felizes, mas como permanecer feliz em tal situação? Felicidade é alusiva a algo que vem e vai; algo que não é permanente, porque depende de circunstâncias que não posso controlar.

Alegria é diferente. Estou aprendendo que ela não depende das minhas circunstâncias. Existe um segredo para a alegria, e acredito que seja isto: se eu pegar a frase "Mantenho minha alegria" e trocar uma de suas palavras, isso faz toda a diferença: "Mantenho meu *relacionamento*." Portanto, a minha alegria pode ser constante como é o meu relacionamento com o Senhor. Alegria não é apenas algo que vem de Deus; isso é parte do que o Senhor e que flui dele para mim!

É difícil descrever a alegria... Ela é mais do que o mero contentamento. Alegria tem a ver com paz. É mais esperança do que otimismo. É mais vibrante do que a felicidade, pois vai além. Alegria é o Senhor em meu coração!

Alegria é algo que o Senhor, verdadeiramente, quer que tenhamos e que pede ao Pai que nos dê.

Agora vou para ti, mas digo estas coisas enquanto ainda estou no mundo, para que eles tenham a plenitude da minha alegria. (João 17.13)

Como você se sente quando experimenta a alegria que vem do Senhor?
Peça ao Pai, hoje, mais alegria do que você pode conter!

Som do jardim

Não se pode ver o vento, mas muitas pessoas colocam sinos e cata-ventos em seus jardins para marcar a passagem da brisa. É a maneira como elas conseguem *ouvir* o vento, pelo tilintar desses objetos ou soprando suavemente pelo jardim, remexendo levemente as folhas. Sem esse som musical, talvez nunca pudéssemos ter noção da brisa soprando suavemente em nossos jardins.

Posso ouvir o vento ou a brisa do Espírito Santo se movendo em minha vida? Ou sou eu mesma quem faz muito barulho – como uma campainha ou um prato que tine – e isso me fez perder a sensação de sua presença, impedindo-me de ouvir sua branda e doce voz?

Ficar quieta e ouvir é difícil, realmente difícil. Minha mente não para. Há uma ligação que preciso fazer, uma comida a preparar ou algo que preciso comprar no supermercado. Caminhando do lado de fora da casa com apenas os pássaros cantando, as folhas flutuando ao vento e os esquilos, ariscos, esgueirando-se entre as plantas, apenas essa música – e nada mais – ajuda-nos a ficar quietas e ouvir. Escuto o meu coração e me lembro de por que quero louvar ao Senhor! Ouço o seu pedido para que eu ore pelos necessitados – e, então, começo a contar todas as bênçãos e a agradecer por elas.

Há uma música maravilhosa sobre andar em um jardim, conversar com o Senhor e a alegria que isso traz. Ainda que não tenha um jardim para estar, apenas um coração que queira diminuir o volume do mundo e tirar um tempo para conversar com o Senhor e ouvi-lo, quero fazê-lo.

De manhã, ouves, Senhor, o meu clamor; de manhã, te apresento a minha oração e aguardo com esperança. (Salmo 5.3)

Você está consciente da presença de Deus na sua vida?
O que você pode fazer, de verdade, para ouvir a voz do Senhor entre o barulho da vida?

Corações quebrados

Há pouco tempo, notei que uma bolsa que me deram no hospital tinha uma frase assim: "Nós emendamos corações." Eu pensei: "Eles podem, realmente, fazer isso? Claro que não!" A medicina pode apenas tratar dos problemas físicos do coração e o tem feito com mais eficiência a cada dia. Porém, somente o Senhor pode, de fato, transformar um coração.

Posso proteger as peças frágeis que tenho colocando-as dentro de uma gaveta. O meu coração, no entanto, é bem diferente. Não existe local seguro para guardá-lo. Não existe nenhum lugar em que eu possa protegê-lo de sofrer danos, de ser quebrado – e, ao longo da vida, ele tem sido quebrado muitas vezes.

Posso não parecer despedaçada, mas tenho cicatrizes invisíveis. O Senhor bem sabe como e quando minhas feridas aconteceram, afinal, foi o Senhor quem as curou. É o Senhor quem pode prevenir um coração de ser infectado pela amargura. É somente o Senhor quem pode curar todas as feridas, a ponto de suas lembranças não trazerem mais nenhuma dor nem me fazer estremecer.

Sou grata ao Senhor, meu Pai, por minhas cicatrizes, porque cada uma delas me fez conhecê-lo melhor. Hoje, posso repartir com outros minha história de como ter paz em uma alma ferida. Não estou lhe pedindo mais sofrimento para o meu coração, Senhor; todavia, peço-lhe que use cada uma de minhas cicatrizes para ajudar a curar outros corações.

O SENHOR ESTÁ PERTO DOS QUE TÊM O CORAÇÃO QUEBRANTADO E SALVA OS DE ESPÍRITO ABATIDO. (SALMO 34.18)

Você está passando por períodos de sofrimento?
Peça ao Senhor que fique perto de você nos momentos de aflição.

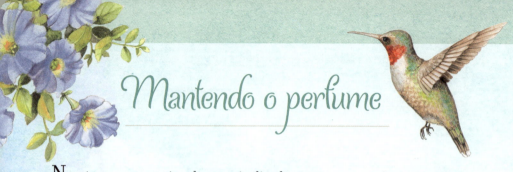

Mantendo o perfume

Na primavera, as roseiras de nosso jardim dão rosas em ramos imensos, que caem sobre o nosso muro de tijolos. O perfume delas vem ao meu encontro! Quando passo por elas, sou levada por aquele suave aroma a chegar mais perto e cheirar uma rosa. A que eu sempre escolho para cheirar é a mais perfumada, madame Isaac Pereira, nome dado pela esposa de um banqueiro francês. Esse perfume maravilhoso está presente em nosso jardim desde 1881, sem nunca perder sua fragrância. É uma roseira antiga, com cujas mudas sempre presenteio amigos e familiares. Assim, seu perfume e sua beleza vão se propagando e trazendo alegria a outras pessoas.

Jardineiros experientes fazem a combinação de dois tipos de rosas para criar um novo tipo. Embora consigam lindas rosas, muitas dessas flores híbridas perdem seu perfume original no processo.

Pai, sua Palavra declara que eu, sua filha, sou o suave perfume de seu Filho Jesus Cristo, no mundo à minha volta. Confesso que tenho me distraído com muitos cristãos que ministram sua Palavra com competência, ensinando e repartindo o Evangelho. Eles parecem tão talentosos em seus dons… As mensagens que pregam são tão bem apresentadas que me impressionam. O que tenho a oferecer parece tão pouco perto disso…

A diferença entre uma roseira antiga e uma híbrida me ajuda a entender que, se coloco o meu foco em tentar refazer a sua mensagem e impressionar outros com minha performance, não transmitirei a sua fragrância; serei, simplesmente, como uma daquelas roseiras híbridas — têm uma bela aparência, mas não contam com um perfume capaz de atrair os outros. O Senhor quer usar a minha vida para transmitir aos outros a sua fragrância verdadeira, que quero, simplesmente, expressar pela minha vida. É isso que atrai outros a irem em busca da vida eterna que só o Senhor pode lhes oferecer.

MAS GRAÇAS A DEUS, QUE SEMPRE NOS CONDUZ VITORIOSAMENTE EM CRISTO E POR NOSSO INTERMÉDIO EXALA EM TODO LUGAR A FRAGRÂNCIA DO SEU CONHECIMENTO. (2Coríntios 2.14)

Como você mantém a doce fragrância de Cristo no mundo ao seu redor?

Levantando e orando

Senhor, a constante necessidade de permanecer orando, confesso, me faz desejar um descanso – um tempo em que os problemas não estejam presentes. Um tempo em que eu possa repousar um pouco ou não precisar me preocupar com as coisas desta vida. Um tempo em que eu possa apenas amá-lo e agradecer-lhe, sem ter que pedir seu socorro e sua intervenção.

Estou começando a entender que o foco na oração deve ser constante. Com efeito, ela não deve cessar nunca. O Senhor me colocou onde estou porque quer que eu me levante e seja um instrumento seu neste lugar.

No Evangelho de João, capítulo 15, o Senhor nos manda permanecer no Pai. Assim como os ramos da minha roseira recebem vida por meio do seu caule, todo o meu alimento e o meu suporte vêm por meio da minha conexão com o Senhor, a videira verdadeira. O Senhor criou as plantas não apenas para frutificar, mas também para remover do ar gases indesejados e repor o puro oxigênio necessário à vida. Tenho aprendido que, da mesma forma, as minhas orações vão ao Pai para que o Senhor possa retirar todo o mal contido nas situações, transformando-as em bênçãos.

Pai, eu escolhi tomar minha responsabilidade de me levantar no lugar em que o Senhor me colocou. Ainda que o ar do lugar em que eu me encontre esteja todo contaminado por veneno na atmosfera espiritual, levarei ao Senhor, em oração, cada problema que ameace a minha família, vindo em oposição à sua vontade para a nossa vida. Confio no Pai para transformar toda e qualquer circunstância em bênção para a nossa vida!

Se vocês permanecerem em mim, e as minhas palavras permanecerem em vocês, pedirão o que quiserem, e lhes será concedido. (João 15.7)

Que coisas tóxicas estão ameaçando seu crescimento espiritual neste momento?
Pois permaneça no lugar da oração e seja transformada pelo alimento
de sua conexão com a videira verdadeira.

Ocupação

Eles estão por toda parte – zumbindo, sussurrando e vibrando! Os pássaros e os insetos no meu jardim estão sempre em movimento! Mas, realmente, não posso culpá-los. Isso é o que eles têm que fazer para sobreviver. Se estão saboreando néctar ou picando sementes, é o que eles fazem para viver.

O que é isso, no entanto, que me faz (e a todos ao meu redor) ficar ocupada, tão ocupada? Estamos, todos, tão freneticamente ocupados, que até os hobbies saíram de moda! Sim – o trabalho, os jantares, os ministérios, os cuidados com o relacionamento familiar; tudo isso é necessário na vida. Mas e quanto ao resto? Ouvi dizer que, como Satanás não pode me fazer mal, ele me ocupa. Sei que ele sabe que essa falta de tempo é a melhor maneira para me fazer esquecer do meu momento diário com o Senhor e negligenciar as suas prioridades.

O Senhor vai me ajudar a avaliar a maneira como estou gastando o meu tempo pela sua perspectiva? Por favor, fale ao meu coração enquanto examino cada coisa da minha rotina e faço estas perguntas:
Isto é necessário ser feito para manter a vida?
Esta é sua ideia, minha ideia ou ideia de mais alguém?
Será importante quando eu estiver diante de você?
É o meu chamado?
É o meu dever?
Contribui com a alegria?
Há algo mais que o Senhor gostaria que eu fizesse e que não estou fazendo?

A sua Palavra diz que o Pai celestial tem já planejado e escrito todos os meus dias. Mostre-me como não apenas gastá-los, mas usá-los da maneira que o Senhor planejou.

Ensina-nos a contar os nossos dias para que o nosso coração alcance sabedoria. (Salmo 90.12)

Avalie a maneira como você gasta o seu tempo, fazendo a si mesma as perguntas anteriores.

Inclinação

Minhas dálias e malvas-rosa são corajosas e otimistas, à medida que esticam suas hastes para o céu. Mesmo sem muita brisa ou impulso, elas podem subir. Elas buscam alcançar o sol, mas, cedo ou tarde, ficam muito pesadas.
Se elas tiverem um suporte onde possam repousar, isso fará toda a diferença! E isso, para mim, também faz toda a diferença: ter o socorro quando eu preciso.

Pai, o Senhor sempre me ampara, enviando ajuda quando preciso — seja uma palavra de encorajamento, um versículo especial, um amigo ou um membro da minha família. Não importa a minha necessidade, o Senhor é fiel, dando-me o suporte para que eu possa repousar. Se eu ficar atenta, percebo o seu suporte me mantendo de pé. O Senhor inspira sempre o coração de alguém com o que preciso. Não quero apenas ter: quero ser um suporte para quem precisa.

O Senhor sabe o que é necessário para manter o meu amigo caminhando. O Senhor disse que devemos servir uns aos outros com amor. Por favor, ó Pai, mostre-me como o amor se parece para o meu amigo hoje. É com uma refeição? Um momento para ouvi-lo? Um abraço?

Ver os meus filhos serem bons com os outros traz alegria ao meu coração. Rapidamente, você terá prazer de ver os seus filhos serem bons uns com os outros e ajudarem uns aos outros a passar por um caminho difícil. Minha recompensa é a alegria que isso me dá.

Porque és a minha ajuda, canto de alegria à sombra das tuas asas.
A minha alma apega-se a ti; a tua mão direita me sustém. (Salmo 63.7-8)

Qual foi o socorro que você experimentou do Senhor recentemente?
Você poderia ajudar os outros de maneira semelhante?

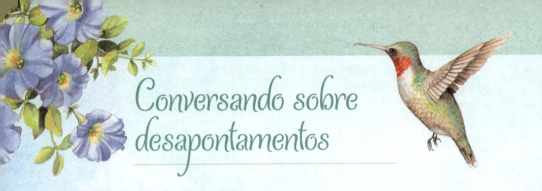

Conversando sobre desapontamentos

Meus desapontamentos estão subindo ao meu coração. De fato, eles gostam de me afrontar. Eles esperam me encontrar disposta a ouvi-los e parecem repetir, incessantemente, as coisas ruins que aconteceram comigo, a ponto de me fazerem sentir toda a dor novamente.

O problema é que eles estão gastando o meu tempo, fazendo-me olhar para trás. Isso embota o meu futuro e a visão de esperança que o Senhor tem para mim. Sempre tropeço quando ando para trás.

Mas, agora, estou andando com o Senhor, e o Senhor me conduz adiante, ensinando-me quão grande é o seu poder de cura, maior do que qualquer decepção. O Senhor pode até sarar minha memória dessas decepções, a ponto de elas serem quase totalmente esquecidas. Elas estarão, então, escritas na minha mente – porque, afinal, aconteceram –, porém não têm mais impacto negativo em mim, porque o Senhor é a verdade e me contará sobre o passado e a respeito do meu próprio coração. O Senhor trará de volta a esperança que eles me têm tirado. Escolho preencher os meus pensamentos com a sua Palavra, que me diz como seguir em frente ao seu lado e viver o futuro que o Senhor deseja para mim.

IRMÃOS, NÃO PENSO QUE EU MESMO JÁ O TENHA ALCANÇADO, MAS UMA COISA FAÇO: ESQUECENDO-ME DAS COISAS QUE FICARAM PARA TRÁS E AVANÇANDO PARA AS QUE ESTÃO ADIANTE, PROSSIGO PARA O ALVO, A FIM DE GANHAR O PRÊMIO DO CHAMADO CELESTIAL DE DEUS EM CRISTO JESUS. (FILIPENSES 3.13-14)

Você se pega dando atenção às suas decepções do passado? Como você pode aplicar a verdade de Deus nesses desapontamentos e ver a esperança que ele tem para o seu futuro?

As antenas da borboleta

A sua inteligência é insondável para mim. Quanto mais os cientistas descobrem as complexidades que o Senhor construiu na Criação, mais surpreendida eu sou. A tecnologia sofisticada dos homens é como nada diante de seu poder. O simples voo da borboleta por meu jardim, com suas asas frágeis, como se fosse uma delicada flor flutuante, demonstra a grandeza de sua Criação! Da mesma forma, as aves migratórias passam por aqui, em busca de sementes, e seguem seu curso até outras terras, ao sabor das estações. Como sabem a hora certa de sair? E como encontram o caminho de volta, ano após ano?

Os cientistas descobriram parte desse mistério. É como se determinadas espécies tivessem um relógio biológico, que as orienta quanto ao exato momento de partir ou de voltar. No caso das borboletas do Hemisfério Norte, o que as orienta são delicadas estruturas presentes em suas antenas — tanto que, se esses órgãos sensoriais forem cortados, elas voarão sem destino e não serão mais guiadas pela posição e pelo calor do sol. Esse verdadeiro "GPS" biológico é que as mantém em curso por centenas de quilômetros.

Os Provérbios são assim para mim: como as antenas da borboleta. O livro de Provérbios é apenas um método de orientação que o Senhor tem nos dado, mas é muito importante para nos instruir acerca de cada faceta da vida. Esses versículos de instrução me habilitam a me manter em curso, enquanto migramos, através da vida. Gentilmente, eles me ensinam o seu caminho, infundindo sabedoria nas minhas escolhas e ajudando-me a navegar numa linda jornada. Tão certo quanto as antenas das borboletas garantem que elas cheguem ao seu destino, eu ouço a sua voz dirigindo-me: "Este é o caminho; siga-o" (Isaías 30.21).

Confie no SENHOR de todo o seu coração e não se apoie em seu próprio entendimento; reconheça o SENHOR em todos os seus caminhos, e ele endireitará as suas veredas.

(Provérbios 3.5-6)

Como o livro de Provérbios ajuda você a andar pelo curso correto?
Para você, quais são os versículos mais desafiadores?

Elevando meu coração

Outro dia, numa loja, vi uma garotinha de pé, na cesta, tentando sair. Seu pai disse, divertido: "Querida, você não pode se levantar!"

Elevando-me! Estou cercada de oportunidades para me elevar: elevar meu sucesso, minha personalidade, meu brilho e até a minha face! Um labirinto de estratégias de autoaperfeiçoamento, formado por livros, internet, apostilas, todos querendo algo mais novo, melhor do que eu. "Não gostaria de uma reforma?", perguntam-me. A todo instante, recebo ofertas de como melhorar minha aparência, arrumar minha casa, turbinar minha carreira e aprimorar meus relacionamentos. Isso parece tão cansativo! Que tensão!

Não preciso de uma mera maquiagem, não careço de uma reforma de aparências, Jesus, porque o Senhor me deu um novo recomeço! Quando consegui admitir que eu não apenas agia de maneira pecaminosa, compreendi que era uma pecadora. Verdadeiramente, minha inclinação é desobedecer-lhe, mesmo quando queria fazer o que era certo. Eu não poderia maquiar a minha natureza e compreendi que precisava de uma nova vida. Na verdade, precisava nascer de novo e ter a sua vida em mim. Quando lhe confessei isso e lhe entreguei a minha vida, para que fosse o meu Senhor, o Senhor me fez nova. Foi um começo completo!

Agora, a sua vida está em mim. O Senhor me levantou do meu desespero de viver por mim mesma! Meu coração, minha mente e meus olhos estão elevados, e até mesmo minha face foi levantada pela alegria!

Portanto, se alguém está em Cristo, é nova criação. As coisas antigas já passaram; eis que surgiram coisas novas! (2Coríntios 5.17)

Você não pode se levantar sozinha, mas Deus deseja erguer
tudo em você: seu coração, sua mente e seu rosto!
Como você se sente sobre estar começando sua vida com Deus?

Agradecida pelas bênçãos de hoje

Senhor, quero lhe agradecer pela alegria e pela provisão de hoje!

Haverá dias desconhecidos à frente, mas a incerteza não deverá tirar a minha atenção das suas bênçãos de hoje. Obrigada pela vida, pela comida, pelo abrigo, pela liberdade, pela família! São bênçãos tão constantes que até me esqueço de dizer "obrigada" por elas. Estou cercada pela sua bondade, lugar onde firmo minha esperança.

Quando observo tudo o que o Senhor me dá, meu copo não está metade vazio ou metade cheio – ele está completamente cheio! O meu egoísmo diminui e a minha gratidão aumenta quando conto as minhas bênçãos e nomeio cada uma delas. Quero prestar atenção às coisas básicas, como a minha capacidade para ver e ouvir, o meu acesso à sua Palavra e a cada dia de liberdade. Nenhuma dessas coisas é por acaso; eu as tenho por causa da sua bondade.

E se eu perdesse uma, ou mais, dessas bênçãos? Não importa o que tenha sido perdido, eu ainda teria a sua bondade. A sua Palavra ensina que devo lhe agradecer, porque o Senhor é bom e o seu amor permanece para sempre. Não tenho que agradecer apenas pelas bênçãos que posso ver e contar; tenho que agradecer pelo que o Senhor é. O que o salmista disse é verdade para mim: "Tu és o meu SENHOR; não tenho bem nenhum além de ti" (Salmo 16.2).

Ainda criança, aprendi a cantar: "Deus é bom." E agora, diante do Senhor, eu invoco e adoro o seu nome. Estou agradecida e quero dizer isso!

Rendam graças ao Senhor, pois ele é bom; o seu amor dura para sempre. (1Crônicas 16.34)

Você pode ver a bondade de Deus nas mais variadas áreas da sua vida? Hoje, pelo que você mais agradeceria a Deus?

Mudança

Sempre há mudanças no jardim. A rosa, que hoje está desabrochada e linda, em apenas poucos dias estará perdendo as suas pétalas. Não posso manter a sua fascinante beleza. Por outro lado, o botão no mesmo ramo nunca floresceria sem mudança. Suponho que isso seja parte da alegria do jardim – o que fenece é que proporciona o surgimento do novo.

A mudança pode ser refrescante. Porém, ela também pode ser uma ruptura inquietante, principalmente quando não ocorre por opção minha. A mudança, em minha vida, é o que me afasta do meu confortável cotidiano em direção a uma realidade que não parece tão segura e agradável assim. Uma mudança de emprego, a partida dos amigos, a perda do pai ou da mãe, o ninho vazio ou uma doença podem destruir todo um cotidiano de normalidade. Se a perda é lenta ou súbita, não importa: o caminho de volta talvez seja impossível. A vida não dá marcha à ré – eu devo ir em frente e aceitar a minha nova rotina. E só posso fazer isso porque sei que o Senhor vai comigo e ele é fiel, mesmo que a cultura à minha volta tenha se tornado líquida, tentando mudar valores e fundamentos da sua Palavra.

Algumas vezes, mudar é bom. Mas, em outras ocasiões, pode mudar tudo que é bom. Que encorajamento é acordar todas as manhãs e saber que o Senhor é e será sempre o mesmo! Sua fidelidade é comigo! O Senhor é a rocha sobre a qual estou construindo a minha vida. O Senhor me revigora com o seu amor e a sua misericórdia. O Senhor é a esperança de toda geração e também a minha.

Pois o SENHOR é bom e o seu amor leal é eterno; a sua fidelidade permanece por todas as gerações. (Salmo 100.5)

Que mudanças na sua vida, ultimamente, têm sido revigorantes?
E quais foram aquelas que a deixaram abalada e perturbada?

Lírios

No livro de Mateus, somos instruídos pelo Senhor a considerar os lírios do campo e aprender como eles crescem (veja Mateus 6.28). Sim, nós podemos estudar lírios e observar o seu crescimento, mesmo sem saber, realmente, como eles crescem. Como a vida entrou no bulbo? Qual foi o cronograma da floração e o projeto de crescimento pré-embalado nisso? Só tenho que pensar em um lírio e me perder no seu maravilhoso poder criativo, Senhor! Quantas espécies de lírios diferentes existem! Lírios-da-páscoa, lírios-aranhas, lírios-tigres, lírios-do-vale, lírios-d'água... Quanta riqueza e diversidade há na Criação!

É só olhar a pequena seleção da flora criada em meu jardim para me impressionar com sua inteligência e seu poder. Qualquer palavra para exaltar o Senhor seria inadequada, diante de sua grandeza! Algumas plantas florescem todo o verão e depois murcham; outras não florescem por muito tempo, mas estão de volta no próximo ano. Há arbustos com troncos lenhosos e outros que, aparentemente, estão mortos e secos – todavia, na estação seguinte, brotam com força!

Cada planta tem o seu próprio ciclo de vida, tempo reprodutivo, tamanho, cor, semente. As rosas são requintadas, ainda que cada variedade seja diferente – até mesmo a fragrância de cada uma é tão diferente quanto uma mistura de perfumes. O girassol vira a sua face para o sol, enquanto outras flores se fecham em sua sombra. A parreira tem apenas que se aproximar da treliça e subir.

Posso eu olhar tudo isso e, mesmo assim, duvidar de que o Senhor as criou e criou a mim também? Senhor, por favor, capacite-me para que eu veja as suas maravilhas, a sua inteligência e a sua majestade em todas as coisas que o Senhor fez.

O SENHOR é bom para todos; a sua compaixão alcança todas as suas criaturas. Rendam-te graças todas as tuas criaturas, SENHOR; e os teus fiéis te bendigam.
(Salmo 145.9-10)

Onde você vê, principalmente, as maravilhas, a inteligência e a majestade do Senhor?

A cruz

Embora eu tenha sempre ouvido que temos uma cruz para suportar, Senhor, a minha não é um fardo de responsabilidades pessoais que tenho que carregar. A cruz é o lugar onde o Senhor morreu e no qual também morrerei para o mundo. Chegar à cruz em arrependimento e receber misericórdia e perdão pelo meu pecado é o começo da entrega de minha vida em suas mãos. Escolher morrer para essa parte de mim que ama o pecado é um passo além. Não me causo nada além de problemas e não há nada sobre isso que eu queira resgatar e manter. Mesmo que esse meu lado resista a morrer, ele quer sempre viver e fazer o seu próprio caminho.

Escolho a cruz pela natureza do pecado, para que a sua vida ressuscitada possa viver livremente em mim. O seu sofrimento proveu que eu não apenas fosse livre do pecado que cometi, mas, também, me liberta de ser controlada pelo pecado.

A sua Palavra nos ensina que já estou crucificada com o Senhor, e a vida que agora vivo é vivida pela fé em quem me amou e deu a si mesmo por mim, conforme Gálatas 2.20.

Não tenho palavras para descrever esse amor. Não tenho nenhuma possibilidade, Senhor, de procurá-lo e achá-lo. Foi o Senhor quem veio a mim, quando pensei que sabia tudo a seu respeito. Mas eu realmente não o conhecia. Esse amor é pessoal e me chama pelo nome. Como eu poderia expressar a gratidão do meu coração?

Da mesma forma, considerem-se mortos para o pecado, mas vivos para Deus em Cristo Jesus. (Romanos 6.11)

Existe, em sua vida, algum pecado que controla você?
Como você pode escolher morrer para esse pecado e ser livre?

Conforme a sua imagem

No final da primavera, gosto de ir ao jardim de manhãzinha para ver o que aconteceu com a minha planta glória-da-manhã durante a noite. Esse tipo de planta cresce muito rápido; é uma coisa maravilhosa ver como os pequenos brotos se aproximam da treliça e tão rapidamente se envolvem nela. Eles se apegam e, à medida que crescem até o topo, os ramos assumem a forma da treliça.

A glória-da-manhã me faz pensar em como posso alcançá-lo, Senhor. Assim que eu deixar que me sustente e passe a me guiar de acordo com a sua Palavra, eu me tornarei conforme a sua imagem. As glórias-da-manhã também me fazem lembrar de como posso me apoiar em sua força, assim como elas dependem da treliça para apoiá-las. Elas acabam tendo a mesma forma do seu suporte, o que eu também desejo.

O Senhor me advertiu a não me conformar com o mundo e sua superficialidade. Por essa razão, devo ser cuidadosa sobre qual é o meu foco e em torno do que estou plantando a minha vida. Seja qual for o lugar em que eu estiver e o que tento alcançar para ser o meu suporte, ajude-me a ser sábia nas minhas escolhas, para que, embora esteja no mundo, eu não seja do mundo.

Para ser conforme a sua imagem, eu devo me entrelaçar à sua cruz.

Não se amoldem ao padrão deste mundo, mas transformem-se pela renovação da sua mente, para que sejam capazes de experimentar e comprovar a boa, agradável e perfeita vontade de Deus. (Romanos 12.2)

Você depende de Deus para ser forte? Como você se vê tomando a sua forma, à medida que aumenta sua dependência do Senhor?

Deus amoroso

Embora eu tenha me proposto a amá-lo, Senhor, confesso que me perguntei se eu o amei de maneira suficiente. Aliás, o que é amar o suficiente? Quando ouvi alguém dizer que tendemos a amá-lo de acordo com o que podemos aprender do Senhor, eu estava convencida disso. Meu amor pelo Senhor parece ter sido focado no que eu queria em troca: salvação para a minha família, saúde, bênçãos e prosperidade. O que significou amá-lo apenas por ser quem é?

Foi a sua Palavra quem abriu meu coração para amá-lo pelo que o Senhor é. Foi quando olhei no livro de Salmos para terminar esta frase: "O Senhor é maravilhoso porque...", que vi o que o Pai é para mim. Não lendo apenas um versículo, mas por haver lido o livro inteiro.

O Senhor é maravilhoso porque é o Rei da glória, minha luz, meu refúgio, minha salvação e a fortaleza da minha vida. É a beleza da santidade! O Senhor é maravilhoso porque me dá inabalável amor, terna misericórdia e força sem fim. O Senhor é a minha rocha, minha fortaleza e o meu libertador – digno de toda a minha confiança.

Prestar atenção a quão maravilhoso o Senhor é fez com que a alegria do louvor fluísse do meu coração. Existem muitas diferentes razões para adorá-lo. Tantas maneiras pelas quais o Senhor revela o seu infinito amor – visto que me amou sem eu ter nada para dar em troca.

Cantarei para sempre o amor do Senhor; com minha boca anunciarei a tua fidelidade por todas as gerações. (Salmo 89.1)

Permita que a alegria da adoração ao seu Deus flua do seu coração a partir desta página.

O negócio da oração

Na fonte localizada bem no centro do nosso jardim, há um anjo *vintage* com a cabeça inclinada e os braços cruzados, em posição de oração. Não tenho certeza de que, na realidade, os anjos oram como nós... Certamente não, mas o *nosso* anjo está em uma atitude de oração, não importa o que aconteça no jardim — isso, mesmo quando um pombo irreverente teima em pousar na sua cabeça. Outros pássaros banham-se e espirram água em seus pés. Alguns esquilos correm em torno da base da fonte, enquanto as minhocas revolvem a terra sob as flores. Há uma sensação de alegria ativa e de paz que transborda para o meu dia, embora nem sempre seja verão ou primavera no jardim. Em certas épocas do ano, escurece cedo e um vento cortante agita as plantas, enquanto tempestades encharcam tudo e até quebram alguns caules.

Por meio dos meus próprios dias de sol, noites e tempestades, quando olho para aquele anjinho com sua pintura já descascada, sinto um encorajamento para permanecer, constantemente, em atitude de oração. Caso eu siga essa disciplina, estarei, continuamente, consciente do meu relacionamento com o Senhor, meu Deus. Mesmo que o mundo possa girar como um redemoinho em torno de mim, a verdadeira serenidade é encontrada em minha perseverança na oração. As minhas orações podem ser cheias de agradecimentos e reconhecimento, ou transbordar de louvor por quem o Senhor é. Pode haver lágrimas por necessidades de outros ou súplicas por minhas próprias angústias. Tudo isso faz parte do meu relacionamento com o Senhor. Essa é a coisa mais importante que posso fazer. O negócio da minha vida é orar — e isso não pode ser apenas uma parte do negócio.

Orem continuamente. (1Tessalonicenses 5.17)

Como você pode incorporar a oração à sua rotina diária?

Contentamento

Descobri que, quanto mais agradeço, Senhor, menos eu peço. Percebi isso pela primeira vez quando estava em um pequeno antiquário, tentando escolher entre uma mesa com desenhos de frutas e uma com estampa de flores, explicando ao vendedor que seria feliz com qualquer uma delas... Ou mesmo se voltasse para casa sem nenhuma mesa. Expressar sincero agradecimento, na minha vida, está me trazendo dividendos surpreendentes – entre eles, o contentamento com aquilo que é seu e o que tenho.

Certa vez, conheci uma pessoa que decidiu que o preço de um item não era o fator determinante para sua compra. O fator determinante deveria ser: "O Senhor queria que ela tivesse aquele item?" Ela estava, de fato, liberta das tentadoras promoções? Ela apenas desejava saber se o Senhor, de fato, queria que ela tivesse aquilo.

Se eu confio, o Senhor providencia o que me é efetivamente necessário! Portanto, não deveria eu confiar que o meu Deus provê o que é certo? O que eu deveria ter não tem nada a ver com o que os outros têm. Não quero sentir inveja em meu coração em relação àqueles que têm mais do que eu. Ao contrário, quero me sentir feliz por eles. Tampouco quero me sentir superior diante dos que têm menos – ao contrário, quero respeitá-los pelo trabalho que eles fazem e pelo que têm.

Enquanto eu for diligente no meu próprio trabalho e responsável em minhas atitudes, ainda que a economia nos traga fartura ou tempos difíceis, posso me contentar em saber que o Senhor é meu provedor e está constantemente suprindo o que é certo para mim.

De fato, a piedade com contentamento é grande fonte de lucro, pois nada trouxemos para este mundo, e dele nada podemos levar; por isso, tendo o que comer e com que vestir-nos, estejamos com isso satisfeitos. (1Timóteo 6.6-8)

Expresse o seu sincero agradecimento por cada bênção em sua vida.

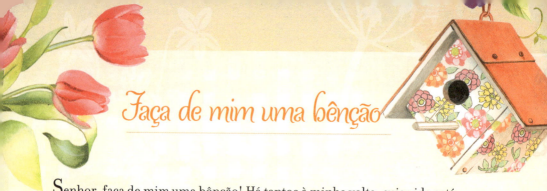

Faça de mim uma bênção

Senhor, faça de mim uma bênção! Há tantos à minha volta, cuja vida está implorando por uma bênção... As necessidades são tantas! Há carências materiais, crises familiares, doenças, pessoas perdendo a fé... Não faço ideia das necessidades à minha volta e, embora haja muito o que eu possa fazer, há muito mais do que posso atender.

Meu coração está focado nesta oração: faça de mim uma bênção. Mais do que fazer coisas pelos outros, como abençoá-los, eu lhe peço que me faça ser uma bênção. Preciso deixar o Senhor no controle de todas as áreas da minha vida; assim, estarei em constante sintonia com o Pai. Então, as bênçãos poderão fluir do Senhor para os outros por meu intermédio. Assim, continuamente me entrego ao seu senhorio; sim, ó Deus, entrego a minha língua a palavras que abençoam e encorajam. Agradecerei o seu controle sobre mim, para que eu possa escolher silenciar, quando nenhuma palavra vai ajudar. Conforme tento manter limpo o meu coração e puras as minhas mãos, deixe a sua presença em meu interior ser notada, por cada um que tiver contato comigo.

Além disso, é o meu desejo ser uma bênção na sua obra. Em vez de suplicar por bênçãos, quero ser a bênção por meio da minha obediência e da minha adoração ao Senhor. Quero agradecer por tudo que o Senhor é, nos chamando a atenção para a sua bondade. Essa é a minha maior oportunidade para o ministério!

OUVE A MINHA ORAÇÃO, SENHOR! CHEGUE A TI O MEU GRITO DE SOCORRO! (SALMO 102.1)

Tire um tempo para agradecer a Deus por toda a sua bondade.
Como você pode ser uma bênção para o Senhor e para os outros?

O temor do Senhor

Pai, fico triste por viver em um tempo no qual parece que muitos se esqueceram de temer ao Senhor. São tempos que nos tiram a oportunidade de experimentar tudo o que o Senhor é. Fui ensinada que parte do temor devido ao Pai vem do fato de que o Senhor tem todo o poder. O Senhor é tão sério a respeito da minha obediência quanto o é sobre me abençoar. Como posso corresponder a tudo o que me diz da maneira que deseja, se eu não o conhecer bem?

É o desejo do meu coração andar cuidadosamente diante de Deus, honrando-o não só como Pai, mas também como meu Senhor, minha justiça, meu juiz, minha rocha, minha fortaleza, meu libertador, meu abrigo e muito mais. Sim, o Senhor é amor, misericórdia, bondade e benevolência — mas é também o meu juiz. Como sua filha, eu me submeto ao seu senhorio e à sua autoridade, da maneira como o Senhor quiser.

Nunca me deixe tratá-lo como um servo em vez de Senhor, ou como aquele que existe para atender às minhas vontades. Antes, quero prestar atenção ao que o Senhor me diz e acreditar que o meu Deus é tudo o que diz em sua Palavra. Quero me render completamente ao Senhor, ó Pai!

Pois como os céus se elevam acima da terra, assim é grande o seu amor para com os que o temem. (Salmo 103.11)

Você vê Deus tanto como Rei quanto como seu Pai amoroso? Como você pode demonstrar sua obediência e seu amor a ele hoje?

Vaso rachado

Um gerânio viçoso não parece ficar bem em um vaso de barro novo. De alguma maneira, ele parece mais confortável em um vaso com pequenas rachaduras e alguns musgos crescendo nele. Isso parece bem clássico, com personalidade. Não gosto de pensar em mim mesma como "*vintage*" ou como um "vaso rachado"; mas, Senhor, quebrar e aparar são as maneiras como o Senhor tem construído o meu caráter.

Os desapontamentos da vida têm me quebrado. Algumas vezes, as rachaduras vêm muito rapidamente e tão próximas umas das outras que parecem esmagadoras. Não há tempo para lidar com cada uma delas e consertá-las, antes que uma outra chegue. Por isso a necessidade de me manter sempre em direção à sua Palavra, Senhor, esperando vê-lo nela e aguardando para saber como o Senhor usará essas rachaduras para me mudar. Esse é o seu plano para trazer o que é bom para mim e, se estou disposta a esperar e a confiar no Pai, o Senhor aproveitará tudo o que aconteceu comigo. Como resultado, uma profunda confiança em Deus me trará paz, e a alegria vem logo em seguida!

Ainda que eu seja tentada a me perguntar como tantas rachaduras este pequeno vaso pode absorver, devo considerar as mãos que o detêm: mãos que permitem que seja quebrado, mas nunca destruído. Deixe-me conhecer melhor a força de suas mãos e me sentirei segura naquele que tem o meu nome gravado nelas. Aquele que tem o meu nome gravado nas mãos.

Lancem sobre ele toda a sua ansiedade, porque ele tem cuidado de vocês. (1Pedro 5.7)

Como você vê as mãos de Deus no cuidado para com você?

Manhã

Que maravilha ver uma manhã que se inicia com o sol tocando o topo das árvores! Tal bênção é o presente diário do Senhor para nós. Senhor, eu lhe agradeço por acrescentar mais um dia à minha vida!

Abrir a porta da casa e sentir isso é como vestir uma confortável roupa de algodão puro, que nos traz conforto e contentamento. Refrescantes horas de enlevo, sem arrependimentos, apenas possibilidades. A manhã, por si mesma, é a prova de sua fidelidade. A provisão que me cerca é prova de sua misericórdia. O seu infalível amor está aqui, enquanto vivo os meus dias.

Este novo dia é um tempo que posso gastar, mas não guardar. Começo, agora, louvando ao Senhor e reconhecendo as suas bênçãos. Deixei o ontem e os seus problemas; agora coloco as minhas súplicas diante do Pai. Eu lhe entrego os meus planos e lhe peço que destrua os esquemas e os planos do inimigo. Ajude-me a andar cuidadosamente, a todo o momento.

Peço-lhe que abençoe os seus filhos, que estão começando o dia de hoje com dificuldades e privações. Envie socorro a eles, por favor. Mais do que tudo, quero viver este dia da maneira conforme o Senhor o planejou. O Senhor me deu este dia e não haverá nenhum outro dia como este — por isso, eu o tomo como um presente de suas doces e amorosas mãos.

Graças ao grande amor do Senhor é que não somos consumidos, pois as suas misericórdias são inesgotáveis. (Lamentações 3.22)

Pelo que você está agradecendo neste novo dia?
Que retorno você pode dar ao Senhor por este dia?

O curso da vida

Quando vejo um talo ou um ramo de flor parcialmente murcho ou torcido, procuro o ponto danificado que está impedindo o curso da sua vida. Sem esse fluxo, a parte ferida da planta não pode se sustentar e se manter saudável, logo, vai murchar ou morrer. Quando vejo isso acontecer, quero que, sem demora, a planta seja endireitada e restaurada, para que o fluxo da vida seja plenamente restabelecido e ela, recuperada.

É mais fácil constatar esse processo em uma planta murcha do que reconhecer isso na nossa própria vida. Há lugares na minha vida em que falta a vitalidade de antes ou a energia que eu deveria ter. Um pouco disso é por minha causa. Admito que tenho sido descuidada com o *encanamento* da minha alma! Tenho torcido ou quebrado lugares que não são, necessariamente, feridas causadas pelos outros. Eles podem ser espaços em que minha própria desobediência ou negligência impediu o fluxo e o funcionamento da sua vida em mim, Senhor.

Estou olhando para esses lugares com honestidade e confessando-os como são. Estou confiando no Senhor para mostrar-me todas as coisas que têm impedido a força total da sua vida, do seu amor, de sua cura e de sua misericórdia, de inundar e atravessar a minha vida. Conforme as Escrituras, o Senhor é o Deus que curou a mão ressequida do homem. Portanto, coloco todas essas coisas diante do Pai e peço que me limpe e me cure de todas elas. Acontece que a vida é muito uma questão de canais abertos, não somente para plantas, mas também para mim.

SE CONFESSARMOS OS NOSSOS PECADOS, ELE É FIEL E JUSTO PARA PERDOAR OS NOSSOS PECADOS E NOS PURIFICAR DE TODA INJUSTIÇA. (1JOÃO 1.9)

Você pode identificar áreas de sua vida que estão carentes da vitalidade que deveriam ter? O que você pode fazer para permitir que o fluxo da vida volte às áreas que murcharam?

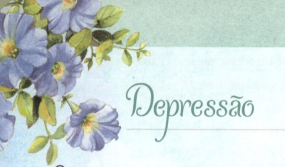

Depressão

Observo os pássaros quando eles voam, se alimentam e cantam. Sim, e como eles cantam! Eles cantam, apesar da constante luta pela sobrevivência e dos perigos a que estão submetidos, como o ataque de predadores ou a perda de seus locais de repouso e reprodução. Porém, jamais vi um passarinho, nem um sequer, abaixar a cabeça e dar chance para a depressão. Todos eles parecem saber que sua Palavra é verdadeira, quando o Senhor promete cuidar de sua Criação, e que os está assistindo, de modo que nem um sequer cairá ao chão sem o seu conhecimento. Não sei se pássaros pensam ou se eles têm alguma consciência acerca de suas dificuldades, mas sei que eles preferem escolher a esperança. De minha parte, porém, é o meu próprio pensamento que pode determinar minhas perspectivas.

A autopiedade gostaria de me vincular a uma classe e me explicar, detalhadamente, todas as injustiças que sofri, lembrando-me de tudo o que a vida me negou e de todas as dores que sofri. De fato, a autocompaixão gostaria de convencer a lealdade como um membro vitalício da vida, fazendo com que eu perca completamente a esperança.

O desânimo e a depressão também parecem querer me dominar, especialmente quando as coisas não seguem o meu caminho e me impedem de ver os seus. Eles me rondam quando tenho que enfrentar dificuldades que, de forma nenhuma, são culpa minha.

Para que a depressão e a autocompaixão cubram com suas nuvens escuras a minha vida, elas, primeiro, precisam bloquear-me de sua presença e embotar a minha consciência de sua bondade. Seria necessário que tais sentimentos me mantivessem afastada de sua Palavra, coisa que, absolutamente, não podem fazer! Somente eu mesma, por minha própria negligência e falta de fé, é quem poderia manter-me afastada da sua Palavra, pois é nela que obtenho esperança e aprendo a confiar no seu caráter perfeito.

Os pássaros são meu lembrete para rejeitar a autopiedade. Assim como eles, também não darei espaço à depressão e ao desânimo no meu coração!

N<small>ÃO SE VENDEM CINCO PARDAIS POR DUAS MOEDINHAS</small>? C<small>ONTUDO</small>, <small>NENHUM DELES É ESQUECIDO POR</small> D<small>EUS</small>. A<small>TÉ OS CABELOS DA CABEÇA DE VOCÊS ESTÃO TODOS CONTADOS</small>. N<small>ÃO TENHAM MEDO; VOCÊS VALEM MAIS DO QUE MUITOS PARDAIS</small>! (L<small>UCAS</small> 12.6-7)

Você tem mais valor para Deus do que muitos pardais.
Você pode se entregar completamente aos cuidados do Senhor,
como fazem os pássaros?

Sr. Medo

Há nuvens sombrias no horizonte, Senhor. Nuvens que não posso controlar e das quais não tenho condições de escapar. Existem numerosas coisas que podem dar errado – ou muito errado! – com a minha família, com o meu trabalho, com a minha cidade ou com o meu país!

O medo, esse visitante indesejado, passou hoje para me ver, com o seu portfólio de cenários para o futuro. Ele queria me ajudar a imaginar quão assustador seria o meu futuro. O pior é que todas as suas opções, em todos os níveis, eram desesperadoras!

Obrigada, Pai, por me lembrar que eu não deveria dar espaço ao medo! Ele é uma má companhia, porque leva os pensamentos que tenho sobre o Senhor para um território irreal. Meu futuro está em suas mãos, ó Pai! Seus planos para mim não são para calamidades, mas para um destino e uma promessa. No momento, não tenho conhecimento dos detalhes; todavia, sei que não estou, nem jamais estarei, só. A sua Palavra diz que o Senhor está comigo. Não terei medo de seguir adiante, porque a sua bondade e a sua misericórdia são companhias constantes, por todos os dias da minha vida.

Meu pequeno jardim me lembra de que a vida segue adiante. Às vezes, os dias serão gloriosos, com abundantes bênçãos; outros podem ser parecidos com o mais frio e escuro inverno. Porém, todos eles serão como uma oportunidade para confiar em Deus e em tudo serei agradecida pelos seus cuidados.

Os pássaros em meu jardim são alimentados pelo Senhor, quer eu perceba, quer não. O Senhor é o seu suprimento – e o meu também.

Por isso não tema, pois estou com você; não tenha medo, pois sou o seu Deus. Eu o fortalecerei e o ajudarei; eu o segurarei com a minha mão direita vitoriosa. (Isaías 41.10)

Diga ao Sr. Medo que ele não pode assustá-la.
Reflita em como Deus é o seu provedor e a sua esperança para o futuro.

O desaparecimento das flores

Como um artista, eu costumava dizer que minhas pinturas eram uma das poucas coisas da minha vida que não foram *desfeitas*. Se preparo uma refeição, por melhor que ela seja, será logo consumida, e outra precisará ser feita. Se lavo as roupas da família, em menos de uma semana elas estarão sujas de novo. É claro que é essencial executar essas tarefas, para que minha família possa funcionar.

Embora manter o jardim não seja uma tarefa árdua, é preciso um esforço constante, porque a limpeza é algo temporário: e sim, há fatores que destroem esses esforços. O clima pode mudar tudo. Uma simples ventania inesperada vai cobrir o solo, novamente, com folhas e gravetos. Insetos ou outros animais podem, de uma hora para outra, comer as plantas. Então, será preciso, novamente, limpar e replantar tudo. No entanto, sei que todo o trabalho compensa, quando contemplo as flores e sua beleza, ou vejo as borboletas e beija-flores dançando suavemente à volta delas. Para mim, é a fragilidade e a temporalidade das flores que fazem tudo valer a pena.

Pai, o Senhor usa essas flores tão delicadas e frágeis para me mostrar que a sua Palavra é eterna e nunca há de mudar. Isso significa que, por toda a eternidade, o Senhor continua o mesmo. As suas promessas permanecem, e a sua verdade sempre há de prevalecer. O Senhor é, conforme dizem as Escrituras, o meu rochedo em meio aos perigos e à inconstância deste mundo. Essa estabilidade é a fundação da minha esperança!

A RELVA MURCHA, E AS FLORES CAEM, MAS A PALAVRA DE NOSSO DEUS PERMANECE PARA SEMPRE. (ISAÍAS 40.8)

Que coisas você sente como se estivessem sendo *desfeitas* em sua vida?

Você pode identificar algo que valha a pena nisso?

Como a estabilidade da Palavra de Deus tem trazido esperança à sua vida?

Direções

Estando ocupada demais e muito otimista para seguir instruções de plantio e paisagismo para cuidar do meu jardim, prefiro fazê-lo de acordo com meu próprio estilo e gosto, sem nenhuma regra para plantar. Ora, as instruções podem parecer tediosas. Por que simplesmente não nos jogamos e começamos? Tal planta gosta de sol? Bem, mas eu gosto dela ali, próxima do bebedouro, na sombra. Quem sabia que há bulbos que crescem para cima e outros, para baixo? De qualquer forma, ambos terão que ser enterrados! E o que sobe terá também que atravessar a sujeira, certo? E que sujeira! Quem mede o pH do solo? Certamente não sou eu.

Não me acho uma pessoa sem regras (talvez um pouco descuidada, mas, definitivamente, não uma pessoa desregrada). Quando quebro as leis da jardinagem, no entanto, os resultados não são como eu esperava. As plantas não podem prosperar de maneira exuberante se não cuidarmos delas, observando a maneira que o Senhor fez cada espécie com suas características próprias. Seu plano é que elas floresçam!

Ignorar a direção afeta mais do que meu jardim; isso me faz examinar meu coração. Realmente estou seguindo-o, Senhor? Estou prestando atenção às suas instruções? Finjo não ver as palavras mais significantes, porque elas podem ser coisas difíceis de obedecer? Estou fazendo isso enquanto faço mil coisas, achando que tudo estará bem, só porque digo que está tudo bem? Se faço isso, meus resultados não serão nada melhores do que os do meu jardim.

Ajude-me a diminuir o ritmo e a, cuidadosamente, ler a sua Palavra com o coração obediente. Ajude-me a pensar nas suas palavras como instruções para a vida, e não como meras sugestões. Apenas seguindo suas instruções, posso participar do cumprimento de seus objetivos para mim.

A tua Palavra é lâmpada que ilumina os meus passos e luz que clareia o meu caminho. (Salmo 119.105)

Quais as instruções da Palavra de Deus que você, às vezes, ignora? Você vê como essas direções estão lá para ajudá-la a cumprir o propósito que Deus tem para você?

Minha dor

A minha dor quer falar comigo hoje. Não quer apenas falar sobre uma pessoa. Se tudo isso não fosse ruim o suficiente, ela quer que eu fale com uma pessoa, especificamente aquela que me causou a dor. Esse tipo de conversa é compilado e editado vezes e mais vezes em minha mente.

Não posso ajudar, mas deixe-me explicar o porquê, rapidamente. Se a pessoa sabia o quanto tinha me prejudicado, e estando tão errada, não pediria mil desculpas? E se não, eu não teria ao menos dado a minha opinião? Dessa forma, não teria ela colhido o que plantou?

O problema é que essas conversas com a minha dor estão me ajudando não apenas a lembrar, mas, também, a acusar a outra pessoa. Estou permitindo confronto com a verdade? Algumas vezes, devo reconhecer que sim. Porém, o Senhor me permite acusar alguém? Não. O acusador é o nosso inimigo. Não é da minha alçada determinar se a dor foi causada por falta de cuidado ou se foi provocada intencionalmente. Se eu deixar minha dor ir nessa direção, então me tornarei justamente aquela que está causando mais dor!

Não vou acusar, mas o Espírito Santo pode convencer o condenado de uma maneira que eu jamais poderia. Portanto, preciso colocar todas essas questões em suas mãos! Não posso dar créditos à minha dor, mas escolho confiar no Senhor, que trabalhará isso para o meu bem. Que as palavras da minha boca e a meditação do meu coração sejam aceitáveis ao Senhor, ó Pai! Quero mais isso do que ter razão.

Tudo sofre, tudo crê, tudo espera, tudo suporta. (1Coríntios 13.7)

De que maneira a sua dor está tentando justificar a sua falta de perdão e ira? O que você pode fazer para mostrar que confia em Deus para convencer o condenado, quando necessário?

O pica-pau

O pica-pau martela, implacavelmente, o maior ramo da minha impotente e desamparada roseira sem, evidentemente, imaginar que isso pode interromper a vida dele. Uma faixa elétrica azul é uma inadequada barreira de proteção contra esse persistente pica-pau.

Como o pica-pau, meu inimigo Satanás gosta de *bicar* minha mente. Ele pretende me manter ocupada com acusações, atribuindo motivos, especulações e mentiras e mais mentiras — tudo, menos a verdade! Ouvir apenas as suas mentiras lhe dará uma oportunidade para me falar mais mentiras ainda. Tudo isso é projetado para impedir e prejudicar meu destino como sua filha, Senhor, instigando-me a pecar contra o Pai e contra os outros. Isso também drena meu tempo e minha energia.

Fita elétrica azul não é uma efetiva barreira contra o pica-pau, mas a verdade é uma poderosa barreira entre mim e as picadas do inimigo. O Senhor, ó Pai, é a barreira da verdade para proteger a minha alma. A sua Palavra é a verdade para encher a minha mente. Preciso de uma dose diária de sua Palavra para, sistematicamente, construir camada após camada em minha barreira da verdade. O inimigo não tem defesa contra a verdade. Por outro lado, protegendo-me de ser enganada, sua Palavra é uma estabilidade imutável para mim em um mundo em constante mudança, porque a sua verdade é o que é real. Sim, a verdade jamais é relativa — e o Senhor é a verdade!

Assim, mantenham-se firmes, cingindo-se com o cinto da verdade, vestindo a couraça da justiça. (Efésios 6.14)

Quais verdades ou promessas na Palavra de Deus ajudam a proteger a sua alma contra as investidas do inimigo? Como você pode, de fato, preencher a sua mente com a verdade?

Discernimento

Mais e mais, eu vejo que amo o Senhor, ó Pai! Preciso realmente *conhecê-lo* e servi-lo. É cada vez mais importante para mim saber o que vem do Senhor e o que não vem. Ouvi a recomendação de que, para amar verdadeiramente uma pessoa, devemos estudá-la e perceber as suas preferências, isto é, do que ela gosta e do que não gosta. Assim, temos que descobrir o que é importante para alguém, a fim de amá-lo.

Pergunto-me se essa sabedoria foi inspirada pelo texto de Efésios 5.10: "aprendam a discernir o que é agradável ao Senhor." Ora, como posso viver com amor adequado pelo Senhor, se não presto atenção àquilo que lhe dá prazer e se eu não o conheço bem o suficiente para saber o que o ofende? Quero ser sensível para reconhecer o seu trabalho e a sua presença — o que vem do Pai e o que não vem. Espírito Santo, por favor, alerta o meu coração para qualquer coisa que seja ofensiva à santidade do Senhor.

Enquanto leio a sua Palavra, mostre-me o que se parece ou não com o seu propósito para a minha vida. Seu primeiro mandamento é amar a Deus com todo o meu coração, com toda a minha alma, com toda a minha mente e com toda a minha força.

Ame o Senhor, o seu Deus, de todo o seu coração, de toda a sua alma, de todo o seu entendimento e de todas as suas forças. (Marcos 12.30)

Como se manifesta o amor de Deus em sua situação atual?
O que você acha que seria agradar ao Senhor?

Eu mesma

Era em torno de meia-noite quando ouvi um som de "grrrrr" – era o grito de animal em apuros e, no momento em que desci as escadas, a bagunça já tinha sido feita! Um pequeno coelho ferido jazia no chão, sem condições de fugir. O primeiro golpe do predador tinha sido sério. Teria sido um cão de rua ou um gavião? Nisso, uma asa marrom e larga resvalou através da janela. Era uma coruja, das grandes. As corujas têm uma beleza intrigante e desfrutam de certa simpatia, mas a verdade é que são aves de rapina, cuja natureza é de predadora de pequenos animais.

Como ser humano, também tenho uma natureza nada atrativa. Esta sou eu! O nosso eu é sempre querer seguir o seu próprio caminho, e não o seu, Senhor. Eu luto contra ele, tentando convencê-lo a se comportar como cristão, mas não posso fazer isso por minhas próprias forças. Mesmo que eu me fantasie de qualquer outra coisa, sou o que sou. Só o Senhor foi capaz de resolver esse drama, quando me levou à cruz e, com controle e poder sobre mim, finalizou sua obra.

Enquanto eu escolher morrer para mim mesma, me alegrarei com a liberdade de ter a sua vida fluindo por meio de mim, expressando isso na minha personalidade. Não há nada sobre essa tolice egoísta que eu queira resgatar. De todas as coisas boas que quero, a maior é estar em sua presença, Senhor! Obrigada por me libertar do desânimo de tentar reabilitar a minha natureza – e, em vez disso, dar-me o milagre de me libertar de minha própria natureza.

Porque, morrendo, ele morreu para o pecado uma vez por todas; mas, vivendo, vive para Deus. (Romanos 6.10)

Quem está ganhando a sua luta contra você mesma?
Como você pode encontrar a liberdade ao se render a Cristo?

Sede

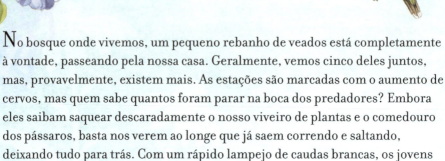

No bosque onde vivemos, um pequeno rebanho de veados está completamente à vontade, passeando pela nossa casa. Geralmente, vemos cinco deles juntos, mas, provavelmente, existem mais. As estações são marcadas com o aumento de cervos, mas quem sabe quantos foram parar na boca dos predadores? Embora eles saibam saquear descaradamente o nosso viveiro de plantas e o comedouro dos pássaros, basta nos verem ao longe que já saem correndo e saltando, deixando tudo para trás. Com um rápido lampejo de caudas brancas, os jovens animais seguem os mais velhos até o riacho, em busca de água.

O salmista compara a sede que temos do Senhor com a ofegante busca dos cervos pelo fluxo de água dos riachos (veja Salmo 42.1). E é essa, também, a imagem da minha sede. Há momentos quando a necessidade de outras coisas mascaram a minha real sede — ensino, carreira, família e reconhecimento me envolvem cada vez mais, porém nada disso é capaz de satisfazer plenamente a nossa alma. No entanto, quando entreguei a minha vida ao Senhor, eu verdadeiramente encontrei água viva, uma água que extinguiu toda a sede da minha vida.

Embora eu possa me distrair com trabalho, atividade e pensamentos sobre outras coisas, nada disso pode satisfazer minha sede pelo Pai, por sua presença e suas palavras. O Senhor me criou para ter essa sede, que pode ser satisfeita apenas pela sua vida vivendo em mim.

MAS QUEM BEBER DA ÁGUA QUE EU LHE DER NUNCA MAIS TERÁ SEDE. PELO CONTRÁRIO, A ÁGUA QUE EU LHE DER SE TORNARÁ NELE UMA FONTE DE ÁGUA A JORRAR PARA A VIDA ETERNA. (JOÃO 4.14)

Você pode identificar algo pelo qual anseia, mas que pode mascarar a sua sede por Deus? Como pode você se satisfazer com a água viva?

Desânimo

O desânimo me acompanha todos os dias. Sim, ele persegue os meus passos diariamente e só me diz uma coisa: "Desista!" Mas desistir de quê? A vida é tão entrelaçada! Como posso desistir das partes difíceis e preservar as prazerosas, as felizes? Senhor, não me lembro de ter visto expressões como "abandone" ou "desista" em sua Palavra – contudo, não sei como seguir em frente. E também não sei como desistir! Em que ponto alguém renuncia? O desânimo quer me intimidar, assegurando-me que não vou saber como seguir adiante, ou que não tenho a força necessária para a caminhada.

Enquanto eu puder respirar, a vida tem que continuar. Mas onde estão a força, a sabedoria, a coragem? Estou fatigada, Pai. A sua Palavra fala sobre esconder-me debaixo de suas asas, por ser uma torre forte na qual posso estar a salvo. A mesma Palavra de Deus também fala sobre permanecer firme no Senhor. Posso ficar em meu lugar enquanto o Senhor me sustenta.

Na primavera, a minha trepadeira de rosas quase sufoca a pérgula com o perfume das suas lindas flores vermelhas, mas, olhando para elas agora, no inverno, percebo como se parecem comigo... Um pequeno galho seco, a marca deixada pelo ataque de um pássaro, um ramo quebrado – contudo, ela permanece firme, aguardando pelo calor da renovação da vida que vem com a primavera. No momento, nada faz de impressionante, mas as mudas dessa trepadeira podem levar beleza e fragrância por anos e anos para muitos lugares. Pai, eu não vou desistir. Vou permanecer firme no meu lugar, confiando que o Senhor fará em mim o que for necessário para levar sua doce fragrância no futuro que está por vir.

Coloquei toda minha esperança no Senhor; ele se inclinou para mim e ouviu o meu grito de socorro. Ele me tirou de um poço de destruição, de um atoleiro de lama; pôs os meus pés sobre uma rocha e firmou-me num local seguro. (Salmo 40.1-2)

Como você sente o Senhor fazendo da sua vida uma bela fragrância,
apesar das dificuldades que atravessa?

A minha língua

É verdade que ninguém pode domesticar a língua. Não é que ela tenha autonomia, mas a mente que a opera nem sempre está sob seu controle, Pai. Ah, quantas coisas eu desejaria não ter falado! Minha língua causou mais problema do que eu mesma gostaria, mas não quero que o mau uso dela me faça esquecer de quão maravilhoso instrumento ela é.

Ó Deus, estou mudando o meu foco de como não usar minha língua para como agradar ao Senhor com ela.

Projeto incrível, ela dá voz ao meu coração. Ela me permite falar e cantar, por exemplo. O compositor desejaria ter milhares de línguas para poder entoar os seus louvores! Posso cantar os seus louvores e falar a sua Palavra. Minha língua pode compartilhar meu testemunho de quem o Senhor é e o que tem feito por mim. Minha língua pode compartilhar conforto com alguém que estiver ferido e encorajamento àqueles que estiverem passando por lutas. Ela pode sinalizar o bem e celebrar as suas bênçãos e pode, também, levar correção e repreensão de maneira gentil.

Ou, ainda, outra sugestão — escolher silenciar é muito melhor do que falar. Debaixo do seu controle, minha língua pode ser bênção contínua, sem tempo para causar dor decorrente de conversas negativas ou palavras sem noção. Pai, a minha língua pode ser controlada pelo Senhor. Por isso, estou lhe oferecendo minha língua para que o Senhor a controle!

As palavras agradáveis são como um favo de mel, são doces para a alma e trazem cura para os ossos. (Provérbios 16.24.)

De que maneiras você pode usar a sua língua para agradar a Deus?

Caminhando

É interessante observar o pica-pau cinzento subir e descer contornando a árvore. Esse tipo de passarinho me lembra um pouco o genial ator e dançarino Fred Astaire. Parece desafiador, para eles, caminhar verticalmente em uma árvore, juntando pequenas sementes para pegar mais tarde. Porém, essa é a missão que receberam do Criador.

Senhor, a sua Palavra diz muito a respeito da minha caminhada e de como eu deveria caminhar. Andar parece algo simbólico a respeito da vida, ou seja, a ideia de ir sempre adiante. Podemos entender da leitura de Habacuque 3.19: "O SENHOR Deus é a minha força, minha bravura pessoal e meu exército invencível; ele faz meus pés como os da corça e me fará andar (não ficar parado com terror, mas andar) e fazer progresso (espiritual) sobre meus lugares altos (de problema, sofrimento e responsabilidade)!"

Espero que eu faça progresso espiritual na minha vida, mesmo em meio aos problemas, aos sofrimentos ou às responsabilidades diárias. Como posso caminhar em seus caminhos de verdade, de luz, de amor e de sabedoria? O Pai é tudo isso. O Senhor é a verdade, a luz, o amor e a sabedoria em minha vida. Então, que o meu andar, verdadeiramente, seja parecido com o seu.

Assim como Deus fez o pica-pau cinzento tão bem adaptado para o seu próprio caminho, ó Deus, o Senhor tem me habilitado, por meio do Espírito Santo, a andar humildemente nos seus caminhos.

Ele mostrou a você, ó homem, o que é bom e o que o Senhor exige: Pratique a justiça, ame a fidelidade e ande humildemente com o seu Deus. (Miqueias 6.8)

Como o seu caminhar reflete a verdade, a luz, o amor e a sabedoria de Deus?

Fracassar

Eu sempre quis ser a melhor e a mais brilhante, aquela que faz bem todas as coisas em que se mete. Mas, no momento em que poderia processar quão maravilhoso seria ser perfeita, eu já não o era. O fracasso não é algo sobre o qual falamos muito, não é verdade? Em nossos grupos de mulheres, ninguém levanta a mão e diz: "Eu fracassei." Mas acho que muitas se sentem dessa maneira. Quantas de nós têm esse sentimento? Quantas, realmente, se parecem com modelos, são extremamente bem-sucedidas em seus empregos, possuem uma casa linda e um lar aparentemente perfeito e, mesmo assim, não vivem uma autêntica vida cristã? Acredito que poucas de nós daríamos nota dez para nós mesmas.

Pai, tudo aquilo que considerei como fracasso, trago para a cruz e deixo lá. Onde havia pecado, eu me arrependo e me afasto; se alguém falhou comigo, eu o perdoo. Eu me recuso a ser definida pelas expectativas ou definições de sucesso de outras pessoas. Estou certa de que o meu coração será fiel e estará focado no Senhor.

A sua Palavra me assegura que o Senhor jamais falhará. Com efeito, o seu amor nunca falha e sempre posso contar com a sua fidelidade. O fracasso é decepcionar o Pai, que me ama e me criou, focando tanto em mim mesma que nem tirei um tempo para conhecê-lo mais.

Mateus 1.21 diz que Jesus salvará o seu povo dos seus pecados, prevenindo-o de cair e perder o real final e a extensão da vida, que é Deus. A grande oportunidade da minha vida não é minha situação financeira — o melhor de tudo é conhecer o Senhor pessoalmente.

Sejam fortes e corajosos. Não tenham medo nem fiquem apavorados por causa deles, pois o Senhor, o seu Deus, vai com vocês; nunca os deixará, nunca os abandonará.
(Deuteronômio 31.6)

Reflita se os seus fracassos são falhas suas.
Você pode ver a fidelidade de Deus trabalhando em você?
Como você acha que Deus realmente a vê?

Abra os meus olhos

No frescor da manhã, quase me esqueci disso: um breve vislumbre de uma enorme teia, como um disco de renda de seda esticado entre as flores. Olhei novamente e ela tinha sumido – era isso? Novamente, a estrutura brilhou sob a luz. Uma complexa teia de aranha, com ângulos intrincados formados por delgados filamentos e tendo apenas a tensão suficiente para não se romper ou ceder ante a queda de algum inseto. Geometricamente disposta, a teia surpreendia pela beleza, e, por um momento, fiquei atraída por aquela maravilha.

Abra meus olhos, Senhor! Por quais outras maravilhas da sua Criação eu passo e não vejo? Não são apenas as flores que oferecem beleza no jardim. Estou, realmente, observando tudo à minha volta ou simplesmente dando uma olhada? Quão aberto estão os meus olhos quando leio a sua Palavra? Estou lendo-a com entendimento ou com mero passar de olhos? Amo ler as verdades que me são familiares e os meus versículos favoritos. Parte da minha Bíblia está bem desgastada pelo uso. Algumas páginas estão com as bordas escurecidas pelo manuseio. As verdades que quero lembrar estão sublinhadas em tinta azul e há muitos apontamentos rabiscados nas margens.

O que está me preocupando agora, Senhor, são as páginas limpas – aquelas passagens que raramente leio ou, muito menos, sublinho. A questão é: o que o Pai quer que eu leia e estou perdendo? Nada de sua palavra é desatualizado. O Senhor nos deu tudo isso porque preciso. Abra os meus olhos e o meu coração, a fim de que eu veja todas as coisas que o Senhor tem para mim.

ABRE OS MEUS OLHOS PARA QUE EU VEJA AS MARAVILHAS DA TUA LEI. (SALMO 119.18)

Como você está abrindo os seus olhos para ver as maravilhas da criação?
Quão abertos eles estão para as maravilhas escritas na Palavra de Deus?

Desperdiçando as bênçãos

É me divertindo que observo os pássaros no comedouro. Os pintassilgos, os pardais e algumas outras espécies se amontoam, para encontrar a melhor posição. Seus pequenos bicos trabalham como pás. Eles atacam as sementes como se estivessem olhando uma guloseima de chocolate!

Enquanto isso, no chão, um satisfeito grupo de pombos, esquilos meio indiferentes e cardeais lindamente emplumados comem o que cai ali, sem muita exigência. Ao observar os pequenos animais irracionais em busca da sua bênção, me pergunto: *Eu faria isso?*

Pai, quando o Senhor me envia a abundância (mais do que preciso), vou atrás dela como foram os pássaros ou eu a desperdiço? Reconheço as minhas bênçãos e, uma vez as tendo recebido, sempre me lembro de agradecer? O meu contentamento é medido pela quantidade de bênçãos? Estou ansiosa para compartilhar as bênçãos recentes ou apenas as sobras que não quero mais?

Por favor, Pai, perdoe-me quando negligencio apreciar de verdade as suas generosas provisões. Não as quero desperdiçar, deixando de reconhecê-las. Quero ser grata, diariamente, pelo meu abrigo, pelo meu alimento, pelas minhas roupas, pela minha família… São tantas as dádivas generosas de suas mãos que não posso enumerá-las. Tudo vem do Senhor, ó Pai amoroso. Por isso, peço-lhe que me abençoe com a sua generosidade, a fim de que eu possa ser generosa para com os outros.

Entrem por suas portas com ações de graças, e em seus átrios, com louvor; deem-lhe graças e bendigam o seu nome. Pois o SENHOR é bom e o seu amor leal é eterno; a sua fidelidade permanece por todas as gerações. (Salmo 100.4-5)

Você acha que tem sido capaz de reconhecer as bênçãos de Deus?
Gaste algum tempo apreciando-o por tudo que ele tem lhe dado.

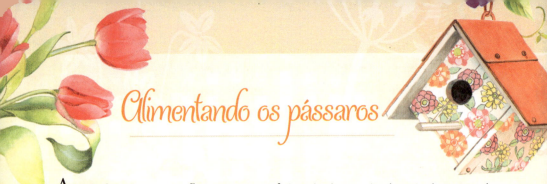

Alimentando os pássaros

Apesar de vivermos na floresta, nunca dei muita importância aos pássaros até pendurarmos um comedouro para eles. Bastaram algumas horas para que lá estivessem os pássaros! Havia muitas espécies que eu sequer conhecia, além dos já habituais pintassilgos, beija-flores, cardeais e pica-paus. Pela fúria com que se lançavam contra o comedouro, ficava claro que, na natureza, não conseguiam comer com muita regularidade. Eles surgiam das árvores próximas, batendo as asas e procurando uma posição melhor no comedouro. Nós nos sentimos muito bem alimentando-os!

Então, um dia, o comedouro estava vazio e o jardim, muito silencioso. Foi quando aprendi que, se o comedouro estivesse cheio, eles viriam; caso contrário, sequer apareceriam.

O curioso era que, quando eles retornavam para o *bufê* abastecido, não mostravam que tinham perdido uma refeição. Sua plumagem permanecia vistosa e nenhum deles aparentava ter perdido peso. Por quê? Por causa do Senhor, ó Pai, que os alimenta todo o tempo. A verdade é que as aves selvagens não precisam de nós. Antes, vivem perfeitamente bem longe de nossa presença. É por isso que alimentá-los nos faz bem; é do Senhor que eles dependem. Somos apenas um bônus para eles.

Não posso deixar de me ver como esses pássaros. São muitas as vezes em que olho para as bênçãos na minha vida – podem ser novos negócios, novos clientes ou um belo contrato... Por um momento, posso ser lenta para reconhecer que isso não se deve à minha capacidade, rede de negócios ou experiência própria, mas sim que é o Senhor quem está fornecendo tudo de que preciso diariamente. Atrás do cenário que posso ver, está o Senhor, dando a mim tudo de que preciso, assim como o Criador faz com os pássaros de maneiras que nunca vejo.

A sua Palavra diz que o Senhor está cuidando de mim, mesmo quando durmo. Com todo o meu coração, eu agradeço por sua fidelidade.

Bendiga o Senhor a minha alma! Não esqueça nenhuma de suas bênçãos! (Salmo 103.2)

Você pode ver Deus por trás de todas as coisas boas na sua vida?
Tire agora um momento para escrever, abaixo, todas as maneiras especiais
pelas quais o Senhor tem lhe dado a provisão necessária.

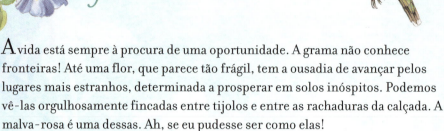

Oportunidades

A vida está sempre à procura de uma oportunidade. A grama não conhece fronteiras! Até uma flor, que parece tão frágil, tem a ousadia de avançar pelos lugares mais estranhos, determinada a prosperar em solos inóspitos. Podemos vê-las orgulhosamente fincadas entre tijolos e entre as rachaduras da calçada. A malva-rosa é uma dessas. Ah, se eu pudesse ser como elas!

Quando peguei o meu primeiro broto na minha caixa de correspondência — comprada num viveiro —, eu me perguntei se ele estava ali para ficar ou seria uma maravilha apenas por um ano. Com os lírios, por debaixo das roseiras entre os blocos da calçada, as sementes de vida da malva-rosa, definitivamente, tinham encontrado sua oportunidade. Quero ser como uma malva-rosa: não quero perder nenhuma oportunidade de compartilhar quem é o Senhor e por que ele é tão importante em minha vida.

Mas o ambiente em que vivo parece cada vez mais resistente ao plantio da fé. No meu entorno, encontram-se corações difíceis e mentes conflitantes — todos com profunda necessidade de esperança. Conversas confortáveis sobre Deus nem sempre surgem facilmente. As palavras que, para mim, parecem uma boa ideia caem como fracasso — mas até os corações que aparentemente são feitos de concreto não podem resistir ao poder da sua Palavra.

Por favor, Senhor, dê-me oportunidades para que eu possa lançar sementes do seu Reino por onde eu andar. Ajude-me a ser fiel e firme em compartilhar o que sei sobre o Evangelho — mesmo em lugares que parecem inóspitos. Coloque as suas palavras em minha boca quando eu precisar delas e confiarei no Senhor para produzir vida dessas sementes.

Dar resposta apropriada é motivo de alegria; e como é bom um conselho na hora certa! (Provérbios 15.23)

Você está determinada a prosperar espiritualmente mesmo nos lugares inóspitos? O que você pode fazer para ser fiel e firme em compartilhar a bondade de Deus com os outros?

Observando você

Nós temos pardais no nosso jardim e tenho que admitir que não são eles os primeiros pássaros aos quais meus olhos se dirigem. De fato, eu raramente os observo, preferindo olhar as aves mais coloridas. Mas a sua palavra, Senhor, diz que o Pai os vigia e, mesmo que apenas um deles venha a cair, o Senhor saberá. Quando tento compreender que, multiplicando todos os pássaros por todos os jardins e fios de telefones no mundo, a sua grandeza está além da minha imaginação. Eu jamais poderia observar até mesmo os pardais do meu jardim, mas o Pai cuida de todos eles — e me promete que não preciso ter medo. Sou mais valiosa para o Pai do que milhares de pardais. Nada me acontece que o meu Deus não veja. O Senhor me observa cuidadosamente!

Quando estou passando por algo que não consigo entender, é muito difícil ver como o Senhor está trabalhando e o que está fazendo, enquanto me concentro em mim mesma. Começo a me esforçar para ver o que as suas mãos estão fazendo, quando o que eu, de verdade, preciso fazer é observar o Senhor, ó Pai, para que eu veja o seu coração. O Senhor se revela em sua Palavra; então, que eu tenha um lugar para onde possa olhar e estar certa de que o verei.

Quando enfrento um desafio, o que o Pai quer me mostrar sobre a sua natureza que eu nunca havia visto antes? Há algo sobre olhar para o Pai que me tranquiliza de que o Senhor está sempre cuidando de mim.

Porque os olhos do Senhor estão sobre os justos e os seus ouvidos estão atentos à sua oração, mas o rosto do Senhor volta-se contra os que praticam o mal. (1Pedro 3.12)

O que você perdeu por se concentrar em suas próprias capacidades,
em vez de se concentrar em Deus?

Perdão

O jardim está adormecido para o inverno e trocou as cores vistosas por tons mais neutros. Há uma beleza na paisagem tranquila de inverno. Os ramos são como rendas de madeira, as árvores mostram a força de suas estruturas. Isso quase poderia ser bonito, exceto pelo caule seco no chão que está pendendo, mas não quebrado. Eu poderia cortá-lo, porém seria um pouco desagradável, pois ele é útil para os pássaros que se empoleiram lá.

Infelizmente, confesso que também existe algo como um caule morto em meu coração. É a falta de perdão de uma mágoa do passado. Eu me pergunto se não tenho puxado isso pelas raízes porque ainda me é conveniente. Muito conveniente. Por isso, estão lá a minha culpa e a minha infelicidade, empoleiradas.

Como faço para remover o *galho* da memória de algo que realmente aconteceu? Como posso perdoar aqueles que erraram comigo e me causaram dor e perda? Meu senso de justiça não pode dizer "OK, tudo bem", porque sei que não está. Mas quero que minha vida seja definida pelo amor, e não por rancor. Senhor, o seu mandamento é que eu perdoe, mas o que isso significa?

O Senhor nos oferece um plano detalhado em 1Coríntios 13, a fim de construir a minha vida em amor. Há, na sua Palavra, instruções definitivas para responder àqueles que me feriram. A sua Palavra diz que o amor "não leva em conta o que o mal faz" (não dá importância a um mal sofrido), conforme 1Coríntios 13.5. Mas só posso fazer isso se estiver disposta a desistir de reivindicar para mim qualquer direito ou vingança.

A princípio, pensamos que esse plano parece esperar muito de mim – a vítima –, mas então percebo quão certo esse plano é. Trata-se do tipo de amor de que necessito, desesperadamente. Essa é a reação da qual preciso, tanto do Senhor quanto de outros a quem ofendi. E a minha reação também deve ser a mesma.

Não maltrata, não procura seus interesses, não se ira facilmente, não guarda rancor. (1Coríntios 13.5)

Você pode identificar na sua vida pessoas que precisam do seu perdão? Como você pode ser definida pelo amor, em vez de ser definida pelo rancor?

Propriedade

Eu sou sua, Pai! Não posso questionar a sua propriedade. O Senhor deixa bem claro em sua Palavra que a terra é sua, assim como tudo o que nela existe (veja o Salmo 24.1). Deus é Senhor e Rei, Criador de tudo que existe. Mesmo em toda a terra e em toda a criação, apesar da sua magnificência e onipotência, apenas as pessoas resistem à sua propriedade. Em sua sabedoria, o Todo-Poderoso nos deixa escolher viver com ele ou sem ele.

Mesmo que eu os chame de filhos e tenha dado a descendência a eles, de certo modo, eles, de fato, não têm escolha sobre ser meus filhos até que sejam adultos. Então eles têm a opção de escolher me amar e passar tempo comigo. Aí então, a relação pai-filho torna-se ainda mais rica, uma vez que se transforma em amizade do coração ao longo da vida.

Acaso o Pai quer menos de mim do que eu dos meus filhos? Não acredito que o Senhor tenha me dado a escolha de conhecê-lo apenas porque quer minha fidelidade. É o seu coração de pai que quer que eu conheça o seu amor e os seus caminhos. Seu coração quer que eu me assemelhe ao Pai. É o seu coração que quer que eu deseje ser sua filha e queira passar algum tempo com o Senhor, simplesmente para amá-lo, e não por causa das expectativas de alguma bênção.

Vejam como é grande o amor que o Pai nos concedeu: que fôssemos chamados filhos de Deus, o que de fato somos! Por isso, o mundo não nos conhece, porque não o conheceu. (1João 3.1)

Como você pode se certificar de que, quando as pessoas olham para sua vida, elas veem que você pertence a Deus?

Suas mãos

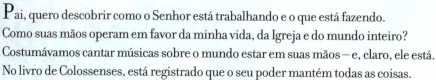

Pai, quero descobrir como o Senhor está trabalhando e o que está fazendo. Como suas mãos operam em favor da minha vida, da Igreja e do mundo inteiro? Costumávamos cantar músicas sobre o mundo estar em suas mãos – e, claro, ele está. No livro de Colossenses, está registrado que o seu poder mantém todas as coisas.

Do meu ponto de vista, parece que as coisas não vão indo muito bem. O cenário mundial no momento certamente não parece nada favorável. De fato, em vários níveis, parece que as coisas estão girando fora de controle. Se o que eu posso ver e entender era o final da história, a minha esperança, agora, poderia estar baixa. Porém, seus caminhos e a maneira como suas mãos estão trabalhando neste mundo estão além do meu entendimento e da minha capacidade de compreensão. Confesso que não tenho sabedoria para ver a amplitude dos seus propósitos. O Pai trabalha em caminhos que não posso ver. Minha esperança está segura no que o Senhor tem falado a respeito de si mesmo:

"Pois os meus pensamentos não são os pensamentos de vocês, nem os seus caminhos são os meus caminhos", declara o Senhor. "Assim como os céus são mais altos do que a terra, também os meus caminhos são mais altos do que os seus caminhos e os meus pensamentos, mais altos do que os seus pensamentos. Assim como a chuva e a neve descem dos céus e não voltam para ele sem regarem a terra e fazerem-na brotar e florescer, para ela produzir semente para o semeador e pão para o que come, assim também ocorre com a palavra que sai da minha boca: ela não voltará para mim vazia, mas fará o que desejo e atingirá o propósito para o qual a enviei". (Isaías 55.8-11)

Por essa razão, sei que estou orando corretamente por algo que não entendo e, certamente, não posso controlar quando concordo com o Senhor.
Sua vontade será feita em todas as coisas. Oro para que a sua vontade seja movida do céu para a terra. O Senhor pode todas as coisas;
na verdade, tem o mundo inteiro em suas mãos.

Em que você pode agir de acordo com a vontade de Deus hoje?

Escolhas de jardim

Minha permanente pergunta na primavera é: O que devo colocar no meu jardim? Que cor espalharei nesta tela branca? São tantas as decisões! Alto, baixo, permanente, sazonal, de sombra, de sol… Meu jardim está ladeado por rosas. São antigas roseiras que têm aprendido a sobreviver saudáveis, perdoando mesmo aqueles que as negligenciam. Mas, ao centro, no entorno da fonte dos pássaros, eu começo a cada ano.

Este ano, sálvia, gerânio, malva-rosa, petúnia e até erva-borboleta estão estrategicamente em minha missão para atraírem beija-flores e borboletas. E, se tudo for bem, este ano meu jardim vai sussurrar e vibrar. E devo ter minhas velhas e familiares flores: a zínia, a verbena, os girassóis e as margaridas.

Então, como crescerá o meu jardim? Com as minhas flores preferidas! O espaço é limitado; eu o preencho cuidadosamente com a beleza que me deleitará todas as manhãs. Meu prazer nisso depende do quão seletiva eu sou. Da mesma maneira, o seu prazer, Senhor, e o meu bem-estar dependem do que selecionei para colocar na minha vida. Não há só coisas ruins; existem as positivas, que podem impelir coisas boas de imediato.

Ó Deus, meu coração quer fazer as escolhas que preencherão a minha vida com suas coisas favoritas. Obrigada pela sua Palavra e pela maneira como ela me ensina o que o Senhor deseja para a minha vida. Por favor, guie-me enquanto tomo decisões sobre o que adicionar e o que deixar de fora. É o meu desejo viver a vida que o Pai planejou só para mim. Quero que o Senhor tenha contentamento e satisfação em me ver crescer em fé, esperança e amor.

Não se deixem enganar: de Deus não se zomba. Pois o que o homem semear, isso também colherá. (Gálatas 6.7)

O que você pensa ser pequenas coisas favoritas de Deus?
O que ele deseja para a sua vida?

Pragas

Quão frustrante é preparar um jardim cuidadosamente e, ao voltar, encontrá-lo transformado em um *bufê* de insetos e em um *bar* de criaturas! Estou descobrindo que, se eu fizer uma seleção cuidadosa, posso tornar o meu jardim mais resistente a pragas. De uma forma maravilhosa, ó Pai, o Senhor providencia proteções naturais para o jardim, tornando certas plantas resistentes a pragas e outras capazes de atrair insetos que as protegem. O Senhor não apenas criou malmequeres para oferecer alegria; eles também são designados para repelir pulgões e, pelo menos, dois tipos de besouros. A escovinha, minha favorita flor azul, atrai insetos bons, que vão atrás dos nocivos. Meu jardim não precisa ser um alvo indefeso das pragas — da mesma forma, a minha vida também não.

Pai, se eu prestar atenção e cultivar as coisas que o Senhor quer em minha vida, as pragas não terão muita chance. Não há lugar para o egoísmo crescer em um coração doador. Mentiras não podem criar raízes no momento em que me comprometo com a verdade absoluta.

A diligência não deixa tempo para a preguiça; o amor não dá chance à maldade; a esperança joga para fora o desânimo; a dúvida murcha na presença da fé; a obediência determinada evita que o pecado brote; e a gentileza não deixa terreno para a ira. Um coração humilde não tem lugar para orgulho.

Da próxima vez que uma praga atacar minha vida, mostre-me, Senhor, o que preciso cultivar no meu coração, para que esse tipo de pecado não consiga causar danos à minha vida.

Mas o fruto do Espírito é amor, alegria, paz, paciência, amabilidade, bondade, fidelidade, mansidão e domínio próprio. Contra essas coisas, não há lei. (Gálatas 5.22-23)

Que "pragas" permanecem em torno de sua vida?
Como você pode cultivar um coração livre delas?

A sua palavra é luz

Vejo as minhas petúnias enrugadas enquanto brotam ao vento. Elas sempre parecem querer olhar para o sol. Nos dias ensolarados, bem como nos nublados, elas se orientam em torno do sol, seja no verão, seja no outono. O sol não é apenas calor e luz; ele também é vida para elas. A luz solar é parte essencial para sua sobrevivência, por meio do processo de fotossíntese. Sem luz, o seu crescimento é problemático, e a beleza que o Senhor designou para elas não é desenvolvida.

O Senhor me dá luz por intermédio da sua Palavra, conforme eu sigo a sua vontade. Essa é a minha estabilidade nos dias ensolarados e nos dias nublados: eu direciono a minha face para o Senhor. Dia após dia, esse conhecimento vital está sendo construído em minha vida. Se eu colocar as minhas petúnias no porão, longe da luz, elas ficarão floridas por um pouco, mas logo começarão a murchar e a cair. De forma semelhante ocorre comigo. Se negligencio a sua Palavra por alguns dias, pode parecer que posso viver assim, mas isso é só por alguns dias, não por muito tempo. Pois o meu espírito parecerá nublado, e eu também estarei caindo, sem a minha luz diária.

É pela leitura da sua Palavra que posso conhecer o sentir e os propósitos de seu coração, em meu próprio coração.

Pois Deus, que disse: "Das trevas resplandeça a luz", ele mesmo brilhou em nossos corações, para iluminação do conhecimento da glória de Deus na face de Cristo. (2Coríntios 4.6)

Como você se sente quando negligencia a luz da Palavra de Deus?
O que é comum você ler quando necessita de encorajamento?

Boa sujeira

Limpo, doce, rico – imagine todos esses adjetivos em referência ao esterco! Mesmo o termo "esterco bom e limpo" parece-me contraditório. Mas é em um bom esterco limpo que a planta floresce. Quando cheguei do viveiro em casa com as mãos cheias de flores coloridas, eu mal podia esperar para vê-las no solo. Foram cultivadas cuidadosamente, e não há dúvida de que elas confiam que farei a coisa correta. Por mais tedioso que seja, as ervas daninhas, as pedras e os galhos têm que sair – primeiro com o ancinho, depois com as minhas mãos. Então, quando eu tiver enriquecido o solo com todos os nutrientes necessários, a nova casa estará pronta para as plantas.

Aqui estão os cascalhos espalhados, ali os gravetos – é fácil os detritos se acumularem no meu jardim. E no meu coração também. Mexer com todos esses detritos me faz querer um coração ainda mais limpo que o meu jardim. Eu lhe confesso, Senhor, que palavras ásperas, rancor e feridas do passado põem em desordem o solo do meu coração.

Perdoe-me por esperar que a sua Palavra produza uma boa colheita, quando o solo do meu coração não está bom nem limpo. Mostre-me cada pedra, cada raiz ruim e cada semente amarga que encontram espaço em meu coração. Exponha os lugares mais difíceis, até os que não consigo ver. Jogarei fora todo esse lixo e recusarei deixá-lo bagunçar a minha alma, por nem mais um minuto sequer. Plantarei a sua Palavra em bom solo, que vai produzir em abundância os frutos do seu Espírito em minha vida.

E quanto à semente que caiu em boa terra, esse é o caso daquele que ouve a Palavra e a entende, e dá uma colheita de cem, sessenta e trinta por um. (Mateus 13.23)

O que você pode fazer para assegurar que haja um bom solo em seu coração?
Como isso produz uma abundância de bons frutos?

Orgulho

Senhor, preciso lhe falar sobre orgulho – o meu orgulho. O Senhor vê que tenho gostado do meu orgulho e parece que ele também gosta de mim! Ele está sempre ao meu lado: quer que eu esteja certa, quer que eu seja a melhor e quer que eu trabalhe duramente para manter a minha imagem. Ele também faz o melhor para me encobrir quando estou errada, me ajuda a lutar pelo que mereço e me protege de ser humilhada. Quando está no seu máximo, eu nunca preciso me comprometer, nunca tenho que me desculpar, até mesmo quando estou claramente errada.

Mas ele é, realmente, meu amigo? Diante do espelho da sua Palavra, minha consciência deixa claro que o orgulho não trata da verdade. E, na verdade, o orgulho não está trabalhando por mim, porque ele não é como o Senhor.

Em meu mundo, a autoimagem e a autoconfiança são um grande zumbido. Mas "auto" (que pode ser prefixo para egoísmo) – aquilo que me ama e me promove acima de tudo – é o que levou Cristo à cruz. O Senhor sofreu para que eu estivesse livre disso. O Senhor escolheu morrer por mim. Se eu escolher morrer para mim mesma, então serei a sua imagem e a minha confiança estará no Senhor.

Parece que algo que estava sempre do meu lado, sempre olhando para mim, seria meu amigo, mas não é. Na verdade, é meu inimigo. Estou começando a ver por que o orgulho é um dos pecados condenados em sua Palavra. Ele dificulta o meu relacionamento com o Senhor, porque é pecado e dificulta o meu relacionamento com os outros. Com todo o meu coração, ó Pai, escolho a humildade e o alívio de não ter que defender a mim mesma, acusar os outros ou esperar que façam algo para mim. O orgulho não queria que eu visse isso... Muito menos vê-lo como o Senhor é. Obrigada por ter me mostrado isso!

Quando vem o orgulho, chega a desgraça, mas a sabedoria está com os humildes. (Provérbios 11.2)

Você reconhece o orgulho como seu inimigo?
Como é escolher humildade em vez de orgulho?

Crescimento

Os altos e baixos da economia não param de acordo com as estações. A má notícia do dia não pode impedir a chegada da primavera. Nem as guerras nem os rumores de guerras impedem a vida dentro do bulbo do lírio, de empurrá-lo através da terra, desdobrando as pétalas em uma deslumbrante trombeta. Nem poderia uma recessão segurar a parreira de rosas de folhear e soltar sua fragrância em uma multidão de delicadas flores, tampouco as circunstâncias difíceis podem dificultar o implacável trabalho do seu Espírito em minha vida, Senhor.

O que realmente importa não é o que está acontecendo no mundo à minha volta. O que importa é o clima do meu próprio coração. Quando mantenho uma atitude de submissão e devoção ao Senhor, ó Pai, meu coração é um pacífico e frutífero lugar para que o seu Espírito habite e trabalhe os seus propósitos. O Senhor prometeu aperfeiçoar o bom trabalho que começou em mim. Não devo esperar até que não tenha mais boas notícias para render-me diante do Senhor de todo o coração, ó Pai.

Se eu colocar toda a minha fé, confiança e esperança no Pai, a sua Palavra diz que serei como uma árvore plantada junto às águas, que estende as suas raízes para o ribeiro e não receia quando vem o calor, mas a sua folha fica verde; e no ano de sequidão não se fatiga nem deixa de dar fruto (veja Jeremias 17.7-8).

Por favor, Senhor, regue meu coração e minha alma com esperança e confiança no Pai, para que eu possa ser como essa árvore, que dá muito fruto, independentemente de tempo e circunstâncias!

Estou convencido de que aquele que começou boa obra em vocês vai completá-la até o dia de Cristo Jesus. (Filipenses 1.6)

Qual é o clima do seu coração?
Como você coloca a sua confiança em Deus e continua a dar bons frutos?

Poda

Podar as plantas não é a minha tarefa preferida no jardim. Eu me sinto um pouco cruel cortando os ramos que os arbustos de rosas produziram centímetro por centímetro, folha por folha. Quando podamos, parece que elas tiveram um severo corte de cabelo! Mais cedo ou mais tarde, no entanto, o que não é podado parece desleixado e indisciplinado – e não muito produtivo.

Certa macieira que vi enquanto caminhava pelo pomar me explica um pouco a respeito do que é a sua poda em minha vida, Senhor; é difícil de ser tolerada – mas, na verdade, é desejada. Essa macieira tinha sido diligentemente podada quando ainda estava muito pequena. Agora, seus galhos estavam carregados de maçãs. Ela tinha mais frutos do que muitas árvores mais largas e altas. A lição é que quanto menor for a árvore (e mais podada), maiores são o fruto e a colheita!

Vi isso como um retrato da minha vida. Sem a sua poda, Senhor, haverá mais de mim e menos fruto. Com a sua intervenção, há menos de mim e mais fruto! É simples assim!

Atitudes, hábitos, meu planejamento? Tempo improdutivo? Aqui estou, Senhor; eu me coloco como voluntária para a sua poda. Desbaste qualquer coisa que esteja dificultando o meu crescimento. Que se abra espaço em meu ser para um monte de frutos do Espírito. Como é libertador saber que não tenho que carregar o fardo de ser uma árvore impressionante! Apenas continue me podando, ó Pai, até que as pessoas olhem e me vejam como uma fonte de frutos!

Eu sou a videira verdadeira, e meu Pai é o agricultor. Todo ramo que, estando em mim, não dá fruto, ele corta; e todo que dá fruto ele poda, para que dê mais fruto ainda. (João 15.1-2)

O que você pode aparar em sua vida para que se abra espaço para o abundante fruto do Espírito?

As bênçãos do inverno

Cada estação chega ao meu jardim. Cada uma traz sua beleza, cada estação chega com sua promessa para a próxima temporada. As estações nunca falham no mundo da natureza, mas, às vezes, minha vida tem um *clima* estranho. Parece que o inverno vem ano após ano, quebrado apenas por alguns dias de clima ameno. É difícil entender por que é inverno em minha vida, quando estou cercada pelo verão de todos os outros.

No meio do meu inverno – onde a esperança parece adormecida e os recursos do meu coração parecem secar –, anseio pelo brilho e pela segurança do passado. Preocupo-me com as circunstâncias difíceis do presente e temo que o futuro seja mais frio e mais escuro. As raízes do meu coração cavam profundamente em sua Palavra, alcançando seu coração, Senhor. É lá que eu toco em seu Espírito. A esperança começa a seguir os ramos do meu coração.

Estou começando a ver que, enquanto o meu inverno pode não ser o momento de uma alegre plantação e de colheita satisfatória, essa estação pode servir para aprofundar as raízes da confiança no Pai – e, por isso, não devemos desperdiçá-la. Embora pareça que a esperança no meu jardim esteja adormecida, enquanto aguardo, o Senhor está trabalhando para o meu bem. No jardim da minha vida, se é um verão rigoroso ou um inverno sombrio que parece infinito, a esperança está aqui porque o Senhor está aqui, me cercando com a evidência de seu amor, de sua fidelidade e de sua bondade. Sim, a esperança está aqui para colher, não importa a estação!

Nesse processo, meus invernos se tornam meus tesouros. Eles são os meios pelos quais eu conheço melhor o Senhor. O inverno é a minha estação de crescimento. Estou encontrando uma nova dimensão do seu caráter e uma nova consciência do seu amor por mim. Minha gratidão ao Pai, muitas vezes, dá lugar à indagação que brota em meu coração: "Por que eu, Senhor?"

ENRAIZADOS E EDIFICADOS NELE, FIRMADOS NA FÉ, COMO FORAM ENSINADOS, TRANSBORDANDO DE GRATIDÃO. (COLOSSENSES 2.7)

Que bênçãos aparecem no processo da estação de inverno em sua vida? Você pode sentir o calor da esperança, assim que confia na bondade e nos cuidados de Deus?

Sobre a autora

Sandy Lynam Clough é escritora e artista. Ela escreveu e ilustrou 28 livros-presente e vendeu mais de um milhão de cópias deles. É da quarta geração de uma família de artistas e sempre foi ensinada e encorajada por seus pais. Sandy começou vendendo suas pinturas como especialista em arte na Universidade do Mississipi, nos Estados Unidos. Embora ela tenha graduação em arte e mestrado em educação, o seu coração estava na pintura, em vez de no ensino. Sandy cria belas pinturas realistas, desenhos contemporâneos e tradicionais. Essa combinação é característica de Sandy Clough e aparece em muitos produtos licenciados, vendidos em todos os Estados Unidos e também fora deles.

A faculdade do Mississipi a nomeou, duas vezes, como seu *art alumnus* do ano. Tanto sua arte quanto sua escrita são inspiradas e fundamentadas em sua fé cristã. Para saber mais sobre Sandy Clough, visite seu website www.sandyclough.com.

Este livro foi impresso em dezembro de 2018,
pela Geográfica para a Geográfica Editora.
Composto nas tipologias Filosofia e Ladybird.
O papel do miolo é Alta alvura $90g/m^2$
e o da capa é Couchê $150g/m^2$.